경기 광주의 미래를 함께 그리다

경기 광주의 미래를 함께 그리다

임일혁 지음

작가 임일혁에게 있어 광주의 모든 것은 사랑이었고, 비전이었다

더불어민주당 대표 **정청래**

임일혁 광주시의회 전 의장의 자전적 에세이집 『경기 광주의 미래를 함께 그리다』의 발간을 축하드립니다.

임일혁 전 의장의 글들이 집대성되어 출간하게 된 『경기 광주의 미래를 함께 그리다』의 원고에 담긴 내용들은, 독자들 각자가 책을 보시면 알게 되겠지만, 광주 지역의 정치, 경제, 사회, 행정, 역사, 문화, 미래 비전 등을 총망라하고 있습니다.

그런데 그 글들이 하나같이 논리적 맥락을 갖추고 있을 뿐만 아니라 그 주장에 대한 전거를 분명하게 제시하고 있어서 강한 설득력을 갖추고 있습니다.

광주에 대한 깊이 있는 담론을 읽으면서 이 글은 광주에 대한 지극한 사랑이 밑받침되지 않고서는 도저히 나올 수 없는, 불가능한 일이라고 판단했습니다.

읽어보면 공감하시겠지만, 이 세상에 그 누가 '광주'에 대해 이처럼 다양하게 문제점을 제시하고, 나아가야 할 방향을 날카롭게 지적하고, 미래 비전에 대한 밝은 희망을 적시할 수 있겠는가 하는 생각이 들었습니다. 광주에 대한 지극한 사랑이 아니고서는 이런 글들이 존재할 수 없겠지요.

그리고 그 설득력에는 그의 피나는 노력이 동반했으리라고 봅니다. 책의 제목을 『경기 광주의 미래를 함께 그리다』로 붙일 만큼, 이 글들에는 '광주'를 사랑하는 마음이 절절히 스며 있습니다.

사람은 저마다 한 권의 책이라고 말할 수 있습니다. 그치지 않는 상념을 말과 글로 드러내지 않더라도 이것은 매우 특별하고 진지하며 또한 심각합니다.

우리는 서로 이 책을 읽어 줌으로써 자기 안에 잠자던 진실을 깨워내고 인간 성숙의 몇 걸음을 더 나아갈 수도 있을 것입니다.

이 시대 우리의 현실은 평화와 위안이 격심한 궁핍에 처해 있으나, 우리가 기억해야 할 긍정적인 면은 우리가 태어날 때 인류문화의 거대 유산을 상속받았다는 사실입니다. 이것은 이후에도 절대 풍요이자 인간의 영원한 대지(大地)이며, 따라서 지금과 후세대까지 이어지는 사랑으로 충만하리라 믿습니다.

작가 임일혁 전 의장의 삶의 본질, 그 의미심장함과 이에 응답하는 사람의 감개무량함, 살아가면서 완만히 성숙되는 경건한 인생관… 이는 모두 오묘한 축복이며, 오늘 우리의 감사이자 염원입니다.

전통적인 보수정치 지형의 텃밭인 광주임에도 불구하고 더불어민주당 정치인으로 헌신해 온 임일혁 전 광주시의회 의장의 이번 자전적 에세이 출간은 광주의 현실에 대한 고발장이자 이를 개선하고자 하는 선언문이라는 것을 너무나 잘 알고 있습니다.

특히 2026년 6·3 지방선거에서 광주시장의 약진을 알리는 신호탄이 될 것입니다.

세상에는 수많은 사람들이 자신만의 생각으로 형성된 가치관과 문학관을 가지고 있습니다.

이제 우리는 획일적인 생각에서 벗어나 소수의 의견도 존중하고 다름을 인정하여 다양성 있는 사회로 나아가야 합니다.

임일혁 전 광주시의회 의장도 우리 시대가 배출한 소중한 정치인입니다. 넓은 시야에서 객관적으로 한 인물을 바라보아야 한다는 생각으로 『경기 광주의 미래를 함께 그리다』의 발간 축사를 갈음하겠습니다. 감사합니다.

기억을 담다, 시간을 기록하다
한 사람의 진심이 한 지역의 역사가 되다

국회의원 **소병훈**

책을 출간하는 일은 많은 노력과 인내를 필요로 합니다. 오랜 시간 가슴에 품어온 생각과 경험, 그리고 현장에서 보고 느끼며 쌓아온 소중한 이야기들을 세상과 나누기 위해서는 큰 용기와 정성이 필요합니다. 그렇기에 한 권의 책은 단순한 종이 묶음이 아니라 한 사람의 인생과 시간이 고스란히 담긴 귀한 결과물이라 할 수 있습니다.

이 책에는 그러한 생생한 현장의 경험과 깊이 있는 고민이 담담하게 기록되어 있어 특정 이념이나 구호가 아닌 한 사람의 진솔한 기록으로서 더 큰 의미를 지닙니다.

빠르게 변하는 시대일수록 기억과 기록의 가치는 더욱 소중합니다. 바쁘고 복잡한 일상 속에서 쉽게 잊히기 쉬운 지역의 이야기들을 이처럼 한 권의 책으로 엮어낸다는 것은 곧 지역의 소중한 시간과 역사를 온전히 붙잡는 의미 있는 작업입니다.

책 속에는 화려한 수식어보다는 현장의 공기와 사람들의 삶이 진솔하게 담겨 있습니다. 오랜 시간 쌓인 경험이 만들어낸 문장들이기에 독자들에게 따뜻하고 솔직하게 다가가리라 믿습니다. 이 책이 누군가에게는 과거를 돌아보는 계기가 되고, 다른 누군가에게는 경기 광주의 현재와 미래를 이해하는 중요한 실마리가 되기를 기대합니다.

이번 출간은 임일혁 전 의장님 개인의 소중한 작업이자 한 지역의 역사와 사람을 기록으로 남기는 매우 뜻깊은 과정입니다. 그동안 쌓아오신 헌신과 노력이 이 책 곳곳에 깊이 스며 있음을 느낍니다.

책이 세상에 나오면 새로운 대화가 시작됩니다. 이 책이 더 많은 분들의 손에 닿아 읽히고 다양한 시선과 경험이 더해져 더욱 풍성한 이야기로 이어지기를 진심으로 바랍니다. 무엇보다 이 기록이 지역의 시간을 기억하고 공유하는 소중한 자산으로 오래도록 남기를 소망합니다.

출간을 진심으로 축하드립니다.

광주를 지킨 리더십,
임일혁 전 의장님의 자서전 발간을 축하드리며

경기광주(을)국회의원 **안태준**

먼저, 광주시의 발전을 위해 헌신해 오신 임일혁 전 광주시의회 의장님의 자서전 발간을 진심으로 축하드립니다.

민선 제8대 광주시의회 의장을 역임한 임일혁 전 의장님은 탁월한 리더십과 헌신적인 봉사 정신으로 광주시의 발전과 시민의 더 나은 삶을 위해 앞장서 오셨습니다.

특히 지역 현안을 누구보다 깊이 이해하고, 시민의 목소리를 시정에 충실히 반영하기 위해 노력해 오신 의정활동은 지금도 많은 시민으로부터 큰 존경과 신뢰를 받고 있습니다.

이번에 발간된 자서전에는 임 전 의장님의 풍부한 의정 경험과 시대에 대한 통찰, 그리고 고향 광주에 대한 깊은 애정이 오롯이 담겨 있습니다.

이 책이 광주의 발전을 위해 헌신하는 많은 분에게 귀한 길잡이가 되고, 더 많은 시민과 희망과 비전을 공유하는 소중한 계기가 되기를 기대합니다.

도시를 보는 눈, 사람을 향한 마음
임일혁 전 광주시의회 의장의 출간을 축하하며

경기도의회 경제노동위원회·도청예산결산특별위원회 부위원장 **김선영**

정치는 '현장'에서 출발하여 '현장'에서 완성됩니다.

책상 위 도면이 아닌, 골목과 거리, 사람들의 삶 속에서 문제를 발굴하고 답을 찾는 정치, 그런 정치를 해온 사람이 있습니다.

누구보다 도시를 잘 이해하고, 누구보다 교통과 인프라의 중요성을 피부로 느끼며 일해 온 사람, 저는 임일혁 전 의장을 그렇게 떠올립니다.

임 전 의장은 광주시의회 의장으로서 도시의 흐름과 구조를 꿰뚫는 안목으로 많은 현안을 짚어 왔습니다.

도시개발의 가능성과 그 한계를 동시에 읽어내며, 이상과 현실

사이에서 치열하게 고민해 온 흔적은 그가 걸어온 의정의 발자취 곳곳에 고스란히 남아 있습니다.

복잡하게 얽힌 교통 문제, 규제에 가로막힌 개발 여건, 그리고 시민의 삶과 직결된 도시계획 과제들, 이 모두를 그는 한 발 앞서 짚고, 때로는 실용적으로, 때로는 과감하게 해법을 제시해 왔습니다.

누구보다도 광주라는 도시의 역사와 맥을 잘 이해하고 있다는 점에서, 그는 흔한 정치인이 아니라 도시를 설계하고 가꾸는 사람에 가깝습니다.

그가 강조해온 '소통'과 '협치' 역시 기술이 아닌 철학입니다.

도시를 움직이는 것은 결국 사람이기 때문입니다.

임 전 의장은 시의회, 집행부, 그리고 시민 한 사람 한 사람과의 관계 속에서 균형을 만들고, 방향을 잡아가는 정치의 미덕을 보여주었습니다.

이번에 펴낸 책은 그의 이런 철학과 경험이 응축된 기록일 것입니다. 단지 한 시기의 정리를 넘어, 앞으로의 발전된 광주를 그리는 이들에게도 귀한 나침반이 되리라 믿습니다.

늘 도시를 향한 치열한 시선과 사람을 향한 따뜻한 마음을 함께 지니고 살아온 임일혁 전 광주시의회 의장의 새로운 도전에 진심

어린 축하와 응원의 마음을 전합니다.

광주가 더 나은 도시로 나아가는 길목에서, 오랜 친구이자 동지인 그의 다음 걸음이 더 큰 울림이 되기를 기대합니다.

광주를 품은 진심,
시민과 함께 걷는 따뜻한 발걸음

경기도 호남향우회 총연합회 총회장 **정재형**

광주시 전 의장께서 오랜 시간 마음을 다해 준비하신 이 책에는, '광주를 사랑하는 진심'과 '시민을 향한 따뜻한 마음'이 고스란히 담겨 있습니다. 이 책이 많은 사람들의 마음에 깊은 울림과 따뜻한 공감을 전해줄 것이라 믿습니다.

임일혁 전 의원님은 늘 한결같은 열정과 헌신으로 광주시 구석구석을 찾아다니며, 시민 한 분 한 분의 목소리에 귀 기울이셨습니다. 그 길 위에서 광주에 꼭 필요한 정책과 비전을 준비하시는 모습을 보며, 진심으로 광주시가 사랑하는 사람, 또 꼭 필요한 인재라는 생각을 해왔습니다.

진심을 다해 광주를 품어온 임일혁 전 의장님께 깊은 감사와 응원의 마음을 전합니다. 앞으로도 시민과 함께 걸으며 광주의 더 밝은 미래를 만들어가시길 바랍니다. 그 따뜻한 발걸음이 광주시를 더욱 빛나게 하리라 믿습니다.

| 목차 |

| 프롤로그 |

경기 광주의 미래,
새로운 선언

여러분이 생각하는 경기 광주의 모습은 어떻습니까?

청년들은 대도시로 떠나고 해가 갈수록 더하는 교통 체증과 정체된 산업 구조 속에서, 우리 광주의 활력은 점차 사라지고 있습니다. 빠르게 늙어가는 도시의 구조적 문제와 불확실한 미래 앞에, 우리는 더 이상 안일한 현실 감각에 안주할 수 없습니다. 지금이야말로 근본적이고 용기 있는 선택을 내려야 할 때입니다. 이 선택은 단순한 행정의 조정이 아닙니다. 우리의 삶과 아이들의 미래를 위한 첫발입니다.

나는 광주에서 태어나고 자라서 생활하며, 시민의 웃음, 눈물과 함께했습니다. 수십 년의 세월 속에서 지켜본 그들의 희망과 좌절, 묵묵히 삶을 꾸려온 땀방울 속에서 나는 한 가지 분명한 확신을 얻었습니다. 경기 광주의 미래는 정치인의 구호로만 만들어지는 것이 아니라는 것입니다. 탁상공론이 아닌, 시민의 삶에서 출발하는 현실적인 정책만이 도시를 변화시킬 수 있습니다.

이 책은 시민 여러분과 함께 걸어온 기록이자, 광주의 성공적인 미래를 위한 첫 번째 제안입니다. 나는 우리가 함께 만들어가야 할 광주의 비전을 다음의 네 가지 핵심 가치로 제시하고자 합니다.

사람 중심의 도시: 삶의 불편을 해결하는 실천적 비전

도시는 무엇보다 사람의 삶이 중심이 되어야 합니다. 우리는 오랫동안 교통 문제로 고통받아 왔습니다. 출퇴근 시간을 단축하고, 도시와 도시를 연결하는 광역 교통망을 촘촘히 구축하며, 수요에 맞춰 움직이는 스마트 대중교통 시스템을 도입해야 합니다. 또한, 떠나가는 청년들을 위해 첨단산업을 기반으로 한 양질의 일자리를 창출하고, 혁신적인 창업 생태계를 조성하여 꿈을 펼칠 기회를 제공해야 합니다. 쾌적한 주거 환경을 조성하고 문화 공간을 확충해, 다시 돌아오고 싶고 머물고 싶은 도시를 만들어야 합니다.

생명 중심의 도시: 자연과 공존하며 함께 어우러지는 도시

도시의 진정한 성장은 자연을 지키는 것에서 시작됩니다. 우리는 숲과 물을 보전하고, 탄소중립을 향한 구체적인 실천 계획을 수립하여 지속 가능한 도시를 만들 것입니다. 동시에 고령화 사회의 변화에 발맞춰 어르신들이 존경받으며 건강하게 지낼 수 있는 맞춤형 돌봄 시스템을 강화하고, 세대를 아우르는 복지 정책을 통해 소외되는 이웃이 없는 따뜻한 공동체를 이루어야 합니다. 자연과 사람이 조화롭게 공존하는 건강한 도시야말로 미래 광주가 추구해야 할 가치입니다.

글로벌 연대의 도시: 다양성이 경쟁력이 되는 열린 공간

경기 광주는 더 이상 하나의 문화에 갇힌 도시가 아닙니다. 외국인 유학생, 이주민, 그리고 다양한 글로벌 인재들이 함께 살아가고 있습니다. 그들과의 국제 교류 프로그램을 확장하고, 상호 이해를 높이는 문화적 기반을 조성하여 다문화가 우리의 강점이 되어야 합니다. 세계를 향해 열린 마음으로 협력하고 교류하는 글로벌 허브 도시가 되어, 새로운 가능성을 열어야 합니다.

스마트 도시: 삶을 풍요롭게 하는 기술 도입

4차 산업혁명 시대의 흐름을 주도해야 합니다. 디지털 전환을 통해 시민 편의를 높이는 행정 서비스를 구축하고, AI 기반의 스마트 교통 시스템으로 도시의 효율성을 극대화해야 합니다. 또한, 모든 시민이 디지털 시대의 혜택을 누릴 수 있도록 교육 기회를 확대하고, 데이터를 활용하여 도시의 문제를 예측하고 해결하는 스마트 도시 플랫폼을 완성해야 합니다. 기술은 삶을 더욱 풍요롭게 하는 도구가 될 것입니다.

이 책은 나의 개인적 서사를 넘어, 시민과 함께 걸어온 기록이자 우리가 가야 할 길의 선언문입니다. 정치는 권력을 위한 수단이 아니라, 사람의 삶을 지켜내고 더 나은 내일로 이끌기 위한 무거운 책임이어야 한다고 생각합니다.

지금 경기 광주는 새로운 도약의 문턱에 서 있습니다. 산업과 교육, 문화와 복지, 그리고 국제적 연대가 한데 어우러지는 미래도시 경기 광주를 우리의 손으로 만들 수 있는 절호의 기회가 오고 있습니다.

그러나 이 길은 혼자 갈 수 없는 길입니다. 시민 한 사람 한 사람이 함께할 때, 광주의 변화는 현실이 될 것입니다.

나는 혼자가 아닙니다. 여러분도 혼자가 아닙니다. 서로의 손을 잡고 미래를 함께 그리고 싶습니다.

경기 광주의 미래는 곧 우리의 모습입니다.

2026년을 준비하며

임일혁

"미래는 오늘 무엇을 하느냐에 달려 있다."

-마하트마 간디-

광주의 내일은 어떤 모습으로 그려질까요? 그것은 오늘날, 우리가 어떤 길을 선택하고 어떤 행동을 하느냐에 달려 있습니다. 나는 광주라는 도시를 단순히 행정의 단위로 보지 않습니다. 광주는 사람이 살고, 울고, 웃는 거대한 삶의 무대입니다. 간디의 말처럼 미래는 막연히 계획하는 것이 아니라, 지금 이 순간을 어떻게 사느냐에 달려 있습니다. 그래서 나는 오늘도 광주의 미래를 그립니다. 사람 곁에서, 시민의 목소리 속에서, 당신과 함께.

1

임일혁의 성장기, 사람 속에서 길을 찾다

"나는 가난 속에서 길을 배웠고,

사람 속에서 답을 찾았다."

"가난은 나를 부끄럽게 하지 않았다.

오히려 강하게 만들었다."

-빅토르 위고-

매산리의 좁은 골목길. 가난은 늘 나를 따라다녔다. 아버지의 빈자리, 어머니의 눈물이 내가 짊어져야 할 책임의 무게를 일찍 알게 해주었다. 하지만 그것이 내 인생의 걸림돌이라고 생각하지 않았다. 씨름과 태권도를 배우면서 나는 몸과 마음을 다졌고, 그때 내 안에 절제와 끈기가 뿌리내렸다. 위고가 말했듯, 가난은 나를 부끄럽게 한 적이 없다. 오히려 그것은 나를 단단하게 만들고 오늘날의 나로 성장하도록 만든 원동력이었다.

내 삶의 시작점 경기도 광주, 그리고 책임의 뿌리

"아버지의 우직함과 어머니의 눈물이,
지금의 나를 만든 가장 위대한 스승이었다."

어머니는 자주 말씀하셨다.

"우리 집 기둥은 너다."

나는 다섯 남매 중 장남이었다. 어릴 적부터 그 말은 마치 형구처럼 내 어깨를 내리눌렀다.

나는 그 말을 이해하지 못했다. 왜 내가 기둥이 되어야 하는지, 왜 항상 참아야 하고 양보해야 하는지를. 놀고 싶어도 동생들이 울면 놀 수 없었고, 배가 고파도 막내가 울면 밥을 내주어야 했다. 초등학교 저학년 시절, 쌀이 떨어져 보리밥조차 없던 날엔 어머니가 동네 뒷산에서 캐온 산나물을 무쳐주셨다. 내가 산나물만 올라온 밥상을 물끄러미 바라보면, 어머니는 “기둥이 울면 집이 무너져.” 하셨다. 기둥이라는 말이 그때는 너무 얄밉고 무거웠다. 하지만 그 말은 나도 모르는 사이, 내 삶의 기준이 되었고 나를 다잡는 끈이 되었다. 지금의 내가 어떤 선택을 하든 그것은 그 시절의 ‘장남’으로부터 비롯된 것이다.

광주는 내가 태어나고 사람으로 자란 땅이다. 학교를 마치면 바로 집으로 돌아와 물을 길었고, 겨울이면 동네 친구들과 손을 모아 눈을 치웠다. 여름이면 마을 앞 개울에서 멱을 감고, 동네 아이들이 다 함께 모여 놀았다. 그 시절엔 누구 집 아들이 돈이 많고 적고를 따지는 일이 없었다. 모두 다 같이 없었고 다 같이 고단했다. 그 고단함 속에서도 함께 웃을 줄 아는 정(情)이 있었다. 동네 할아버지들은 마을 어귀 평상에 앉아 볕을 쬐셨고, 아이들이 지나가면 “요 녀석들, 또 개울로 가냐?” 하고 웃으셨다. 정월대보름엔 마을 사람들이 다 함께 모여 장작불을 지피고 윷놀이를 했다. 이웃과 얼굴을 붉히는 일이 있더라도, 그날 저녁 막걸리 한 사발로 섭섭한 감정을 흘러버렸다. 사람이 먼저인 사람들 속에서, 나는 손 내미는 법, 사과하는 법, 그리고 어른을 대하는 법을 배웠다.

아버지는 과묵한 분이셨다. 말씀보단 행동으로 가르치셨다. 농사철엔 새벽 다섯 시에 소를 몰고 밭으로 나가 해 질 무렵 짚단을 이고 돌아오셨고, 농한기엔 철공소에 나가 품을 파셨다. 그러면서도 단 한 번도 힘들다고 한 적은 없으셨다. 그 우직함은 말보다 무거운 가르침이었다. 어머니는 반대였다. 늘 말씀 많고, 웃음도 많으셨다. 동네 아주머니들과 장에 가서 시장바구니를 가득 채워 오는 날이면 "오늘 시금치 싸더라."며 기뻐하셨고, 때로는 마루에 앉아 조용히 울기도 하셨다. 고생 끝에 눈시울 붉히는 어머니의 그 눈빛, 그것이 나의 정의(情義)였다.

내가 가야 할 길, 광주

광주는 내게 집 이상의 의미다. 나를 사람으로 만든 토양이며, 책임이 무엇인지 온몸으로 배운 삶의 첫 교과서 같은 곳이다. 아버지의 헛기침 소리, 어머니가 장독대를 열던 그 소리까지 나는 그 모든 것을 잊지 못한다. 세상은 변했고 광주도 많이 달라졌지만, 내 속엔 여전히 '그 시절의 광주'가 살아 숨 쉬고 있다. 경기 광주가 나의 시작이며, 내가 어떤 길을 걸어야 하는지를 잊지 않게 만드는 가장 강한 뿌리이기 때문이다.

삶의 기준이 된 아버지의 빈자리와 어머니의 눈물

"내 정치의 뿌리는
새벽마다 묵묵히 일어나던 어머니의 뒷모습이었다."

1988년 4월 20일, 아버지께서 폐암으로 우리 곁을 떠나셨다. 겨우 마흔여덟 살의 나이셨다. 우리 집은 조용해졌고, 집안 곳곳에서 아버지의 빈자리가 도드라졌다. 식탁의 한편, 마루 끝, 외양간 문 앞…… 아버지가 서 계시던 자리마다 선명한 공허가 남았다.

아버지의 얼굴은 세월 속에 점점 흐려졌다. 하지만 마음속 아버지의 존재감은 조금도 희미해지지 않았다. 아버지는 과묵한 분이었다. 가난한 집에서 태어나 평생을 가족을 위해 살아온 분. 힘들다, 어렵다는 말씀을 한 번도 꺼내지 않으셨다. 불평조차 없으셨다. 늘 같은 자리에서 같은 자세로 일하고 또 일하셨다. 오직 자식들이 잘되기를 바라는 마음 하나로 모든 고단함을 견디셨다. 잘못 한 일이 있으면 누구보다 단호하셨지만, 그 속엔 늘 따뜻함이 있었다. 그러나 정작 다섯 남매를 다 키운 모습을 보지도 못한 채 세상을 떠나셨다. 부모로서 역할을 다하지 못하고 떠나야 했던 심정을, 나는 이 나이가 되고야 조금 알 것 같다.

아버지가 병상에서 마지막으로 남기신 말씀이 있다.

"너희들은 꼭 행복해야 한다."

그 말은 단순한 유언이 아니었다. 아버지가 살아온 삶의 무게가 담긴, 아버지의 유일한 바람이었다. 나는 그 말씀 앞에서 늘 부끄럽다. 젊은 날에는 그 마음을 헤아리지 못했고, 그 애정에 마음을 표현하는 일도 서툴렀다. 지금 단 한 번이라도 뵐 수 있다면 꼭 말씀드리고 싶다.

"아버지, 고맙습니다. 그리고 사랑합니다."

어머니의 삶은 또 다른 눈물의 기록이다. 열일곱에 전남 함평에서 이 먼 경기 광주로 시집와 첫아이를 낳자마자 남편은 군대에 갔

참 그립습니다.
우리들의 아버지, 환한 미소 얼굴 목소리 모든것이
부디 고통 없는 편안한 곳에서 편히 쉬세요.
사랑합니다.
임 호 빈(任豪彬)
生1941.03.11(陰) 卒1988.03.11(陰)

김나실 여사 고희연
일시 : 2017년 6월 24일
장소 : 아이컨벤션웨딩부페

다. 어머니는 홀로 남아 날품팔이와 이웃의 도움을 받으며 나를 키우셔야 했다. 아버지가 돌아온 뒤 다섯 남매가 차례로 태어났지만 가난은 사라지지 않았고 남편이 세상을 떠난 순간 어머니는 가장이 되어야 했다. 고작 마흔한 살에.

어머니는 슬퍼할 틈조차 없었다. 다섯 아이를 먹이고 입히는 일이 더 시급했다. 새벽이면 시장으로, 낮에는 밭으로, 밤이면 방 안에서 바느질로 하루를 버티셨다. 무심한 나는 그 무게를 다 알지 못했다. 그냥 늘 그 자리에 계신 분이라고만 여겼다. 그러나 이제는 안다. 어머니가 버티지 않았다면 오늘의 나도, 우리 가족도 없었을 것이라는 사실을.

세월이 흘러 형제들은 성장했고 각자의 가정을 꾸렸다. 그러나 어머니는 손주들을 품에 안고 여전히 우리 걱정에 밤잠을 설치신다. 이제 부모가 되고 나니, 그 마음을 조금 알겠다. 부모란 자식이 몇 살이 되어도 끝까지 지켜보고 걱정하는 존재라는 것을. 부모님의 사랑이란 단순한 정이 아니라 삶 전체를 던지는 헌신이었다. 늘 새벽에 일어나셨던 어머니, 늦은 밤에 귀가하시던 아버지. 부모가 된다는 것은 끝없는 희생과 책임의 연속이다. 그리고 부모님의 그 희생 덕분에 오늘의 내가 있을 수 있음을 알게 되었다. 이제 나는 말하고 싶다.

어머니, 아버지. 저는 두 분 덕분에 여기까지 왔습니다. 부족하고 어리석은 아들이지만, 남은 시간 더 잘 모시고 아버지의 뜻을 기억하며 살겠습니다. 그리고 다짐합니다. 부모님께서 흘리신 눈물과 희생을 헛되이 하지 않겠다고. 두 분이 살아온 터전, 이 경기 광주에 그 사랑과 책임을 되돌리겠다고.

그것이 내가 드릴 수 있는 가장 작은 보답이다.

씨름과 태권도,
삶을 다지는 끈기와 절제의 시간

"끈기는 나를 세웠고,
절제는 나를 지켰다.
그리고 존중은 나를 사람 속에 있게 했다."

초등학교 3학년, 처음 시작한 운동은 태권도였다. 하얀 도복에 허리띠를 매는 순간, 어린 마음에도 어딘가 '다짐' 같은 것이 생겼다. 처음엔 앞차기도 힘들었다. 중심을 못 잡고 넘어지기 일쑤라, 도장에서 울고 나오는 날도 많았다. 그러나 내 안에는 이상하게도, 포기라는 단어가 자라지 않았다. 넘어지면 다시 일어났고, 맞아도 눈물을 닦고 다시 품세를 외웠다. 그렇게 몇 년을 버티다 보니, 도복 허리띠는 어느덧 색이 짙어졌고 도장 관장님도 "이제 눈빛이 달라졌구나." 말씀하셨다.

광주중학교에 입학한 첫해, 운동부 친구들과 어울리다 보니 자연스레 모래판에 발을 들이면서, 씨름과 만나게 되었다. 처음에는 말 그대로 허우적댔다. 친구들은 어깨가 벌어지고 다리 힘이 탄탄했지만, 나는 모래에 서는 것조차 쉽지 않았다. 그러나 일단 샅바를 잡으면 쉽사리 놓지 않았다. 기술은 몰라도 버티는 법은 알았다. 넘어져도 다시 일어났다. 놓지 않고 버티고 다시 일어나는 것. 그것은 아마 내 삶의 방식과도 닮았는지 모른다.

씨름은 단순한 힘의 싸움이 아니다. 기다림의 스포츠다. 상대의 중심이 흔들리기를 기다리고, 찰나의 타이밍에 몸을 던지는 것이다. 한판승은 그 몇 초에 갈리는 법이고, 그 몇 초는 수십 번의 연습 끝에 찾아온다. 나는 그걸 배우는 데 오랜 시간이 걸렸다. 처음 1년은 시합에서 한 번도 이기지 못했다. 언제나 마지막에 넘어졌고, 샅바를 놓치고, 얼굴이 모랫바닥에 처박혔다. 눈물이 날 만큼 속상한 날도 많았으나, 씨름 선배들은 이렇게 말했다.

"진 놈은 말이 많고, 이긴 놈은 말이 없다."

나는 그 말의 의미를 마음에 새겼다. 결국 이기는 자는 조용히 훈련하는 사람이다. 불평이 아니라 반복이 차이를 만든다.

씨름에 푹 빠졌지만, 태권도도 여전히 병행했다. 당시 광주 읍내에는 체육관이 하나뿐이었고, 사범님은 엄격하기로 유명했다. 겨울철에도 창문을 활짝 열어놓고 맨발로 수련했고, 조금만 자세가 흐트러지면 "단전에 힘!"이라는 호통이 떨어졌다. 도복은 늘 땀 때문에 축축했고 발바닥은 굳은살투성이였다. 하지만 그 시간들이 내 안에 단단함을 심어줬다.

복싱처럼 강한 한 방이 있는 건 아니지만, 태권도는 정신의 무게를 배우는 운동이었다. 인사를 하고, 땀의 가치를 알고, 상대를 존중하는 법을 배웠다. 특히, 도장 내규 중 하나를 지금도 기억한다.

"몸은 이길 수 있어도, 마음을 이기지 못하면 그건 승리가 아니다."

그 말은 운동 내규를 넘어 내 삶의 중심 철학이 되었다. 이후 어떤 일을 하든 나는 그 문장을 잊지 않았다. 사업을 하든 정치를 하든 사람을 만나든, 결국 내 마음을 다스리는 것이 먼저였다.

제29회
1978. 2. 16.

중학교 3학년 때, 광주시 대표로 나간 씨름대회에서 처음으로 2승을 거뒀다. 소박한 성적이지만, 지금 되돌아보면 내게는 큰 전환점이었다. 훈련이 나를 배신하지 않았다는 걸, 포기하지 않은 것이 결국 답이었다는 걸 스스로 증명한 날이었으니까. 모래판 위에서 두 손을 무릎에 짚고 헉헉대며 숨을 고르던 순간, 문득 아버지의 모습이 떠올랐다. 무거운 짐을 등에 지고도 단 한 번도 힘들다 말하지 않았던 아버지. 당신은 삶이라는 운동장을 묵묵히 걸으셨던 분이다.

운동은 나를 강하게 만든 게 아니다. 나를 '알게' 만들었다. 나는 지기 싫어하는 사람이었고, 인정받고 싶어 했고, 동시에 그만두고 싶은 나약함도 품고 있었다. 그러나 운동은 그 모든 감정을 끌어안고 다시 내 두 발로 서게 했다. 그것이 운동이 내게 남긴 가장 큰 유산이다.

지금도 나는 매일 아침 맨손체조를 한다. 새벽 6시에 일어나 동네 공원을 걷고, 철봉에 매달리고, 스트레칭을 한다. 누가 시켜서가 아니다. 그것이 내 몸을 지켜낸 방법이자, 내 마음을 다스리는 도구이기 때문이다. 운동은 지금도 나에게 '삶의 자세'를 묻는다.

구부러진 자세는 삶을 뒤틀고, 중심을 잃으면 결국 몸은 쓰러진다.

정치도 사업도 가족도 모두 같다고 나는 믿는다. 나는 씨름판에서 배우고, 도장에서 배운 그 정신으로 지금까지 살아왔다. 그건 단순히 이기기 위한 기술이 아니라 쓰러지고도 다시 일어나는 끈기였고, 상대를 존중할 줄 아는 절제였으며, 내 마음을 먼저 다스려야 할 이유였다.

그 시절의 땀이 지금도 내 삶을 단단히 붙잡고 있다. 광주중학교의 모래판, 그리고 어두운 훈련실 한쪽 벽에 걸린 "강한 자가 이기는 것이 아니라, 이기는 자가 강한 것이다."라는 표어는 여전히 내 가슴 깊은 곳에서 울리고 있다. 그리고 나는 오늘도 다시, 내 삶의 운동장 위에 선다.

"모래판 위에서 다시 일어섰던 날, 패배보다 중요한 건 마음의 자세였다."

책임이 주는 무게,
그것이 나를 만든 힘

"책임이 없었다면 나는 갈대처럼 흔들렸을 것이다.
책임이 있었기에 나무처럼 뿌리내릴 수 있었다."

마흔여덟, 너무도 젊은 나이에 홀연히 세상을 떠난 아버지의 빈 자리는 내 기억 속에 여전히 생생하다. 묵묵히 소여물을 끓이고, 낡은 쟁기를 고치시던 아버지의 손길이 사라진 자리였고, 그 공백은 오래도록 짙은 적막을 머금었다. 우리 가족에게 그것은 영원히 메울 수 없는 무거운 상실이었고, 동시에 내게는 평생 짊어져야 할 책임의 무게였다. 아버지의 부재가 남긴 고요함은 마치 내게 건네진 막중한 임무처럼 느껴졌다.

어릴 적부터 나는 '책임'이라는 말을 귀에 못이 박히도록 들으며 자라야 했다. 가난한 집안의 장남이라는 이유로 늘 먼저 참고, 먼

祝
華婚
중앙예식장
新郎 임일혁 君
新婦 최영희 孃

저 양보하고, 먼저 버텨야 했다. 그때는 그것이 너무도 억울했다. 왜 항상 나만 희생해야 하고, 어린 동생들을 책임져야 할 집안의 기둥이 되어야 하는지 이해할 수 없었다. 어린 마음에 새겨진 원망과 외로움은 때로 지독한 독이 되어 나를 갉아먹는 듯했다.

그러나 시간은 흐르고, 나는 철이 들면서 나를 짓눌렀던 억울함과 고단했던 순간들이 사실은 내 삶의 가장 단단한 근육이 되어주었다는 것을 깨달았다. 책임은 내 어깨를 무겁게 눌렀지만, 동시에 내가 무너지지 않게 굳건히 받쳐주었다. 그것은 단순히 견뎌야 할 짐이 아니라, 내 안의 흔들리는 중심을 잡아주는 튼튼한 닻이었다. 아버지께서 일찍 세상을 떠나신 후, 나는 더 이상 아이일 수 없었다. 어머니의 눈물을 보며 흔들리는 어린 마음을 다잡게 한 것은 "집안의 기둥"이라는 말이었다. 그 말이 나를 억지로라도 어른이 되도록 만들었다.

씨름판에서 수없이 넘어지고 흙먼지를 뒤집어쓰면서도 다시 일어섰던 것, 태권도장에서 수없이 맞고도 눈물을 닦고 다시 일어섰던 것도 모두 그 책임감 덕분이었다. 책임이란 누가 내게 맡긴 짐이 아니라, 스스로 결코 내려놓을 수 없는 약속과 같았다. 내 안에 깊이 뿌리내려 심장의 뼈가 되어버린 굳건한 약속 말이다.

나는 살아오면서 그 무게를 결코 피할 수 없었다. 때로는 너무 버거워서 주저앉고 싶었고, 불공평한 삶에 원망을 쏟아내기도 했다. 하지만 돌이켜보면, 그 무게가 없었다면 나는 작은 바람에도 쉽게 쓰러지는 갈대처럼 약한 사람이 되었을 것이다. 책임은 나를 시험했지만, 동시에 나를 키워낸 가장 강력한 힘이었다.

결국 책임이란, 누군가의 기대와 눈물을 외면하지 않는 것이다. 나는 어머니의 눈물을 닦아드리지는 못했지만, 그 눈물 덕분에 삶의 고통을 묵묵히 버텨내는 법을 배웠다. 아버지의 빈자리를 완전히 채울 수는 없었지만, 그 빈자리 덕분에 나는 스스로의 힘으로 일어서서 앞으로 나아가는 법을 배웠다. 부모님의 부재와 고통은 내게 삶의 가장 중요한 덕목들을 가르쳐준 스승이었다.

요즘에도 나는 종종 스스로에게 묻는다.

"네가 지고 있는 책임은 무엇이냐. 그 책임을 외면하고 있지는 않으냐."

내가 걸어온 길을 돌아보면, 나를 만든 것은 화려한 성공이나 눈부신 순간이 아니었다. 그것은 언제나 내 앞에 놓여있던 무겁고도 단단한 책임이었다. 그것은 내 삶을 짓누르는 무게였고, 동시에 내가 다시 일어설 수 있게 해준 힘이었다. 그리고 앞으로도 나는 그 무게를 기꺼이 짊어지고 나아가려 한다.

2

임일혁의 도전, 경기 광주를 위한 첫걸음

"정치는 책상이 아니라 현장에서 시작되며,

그 무게는 시민의 삶에서 완성된다."

"시련은 나를 파괴하지 못했다.
오히려 나를 더 강하게 만들었다."

-프리드리히 니체-

1997년 IMF 외환위기 속에서 많은 이들이 절망에 빠졌다. 하지만 나는 그 위기 속에서 경기 광주의 가능성을 보았다. 청년의 눈으로 본 광주는 여전히 꿈꿀 수 있는 땅이었고, 나는 그곳에 희망의 씨앗을 싹틔웠다. 위암이라는 병이 내 삶을 뒤흔들었지만, 오히려 그 고난을 통해 진정한 삶의 가치가 무엇인지 다시 배웠다. 정치라는 길로 들어선 것도 같은 맥락에서였다. 내 삶을 시민과의 약속을 증명하고 싶었다. 니체의 말처럼, 시련은 나를 무너뜨리지 않았다. 오히려 나를 더 굳건하게 만들었다.

청년의 눈으로 바라본
경기 광주의 가능성

"나는 청년의 눈으로 도시를 보았고,
가능성의 눈으로 내일을 믿는다."

나는 늘 광주가 더 발전해야 한다고 믿는다.

어릴 적부터 광주의 도로를 걷고 사람들을 만나며 이 도시가 더 나아질 수 있다고 확신했다. 청년 시절에는 마을 축제에 참여하고, 시청 앞에서 토론회를 열었으며, 때로는 시장실을 찾아가고 시의원 사무실 문을 두드리며 청년의 목소리를 전했다. 변화가 필요하다고 믿었고, 나름의 큰 그림을 그리고자 애썼다. 그러나 젊은 패기만으로 세상을 바꾸기에는 한계가 있었다. 내 기대와 세상의 반응은 늘 괴리를 보였고, 결과는 종종 아쉬웠다.

그렇게 세월이 흐르는 동안, 나는 한 가지 의구심을 갖게 되었다.

"광주는 많은 가능성을 품고 있는데, 왜 제자리에 머물러 있는가?"

광주는 상수원 보호구역을 비롯한 수많은 규제로 성장의 길이 막힌 도시다. 그러나 나는 다르게 생각한다. 광주는 천혜의 환경과 지리적 강점을 가진 무궁한 잠재력의 도시다. 다만 가능성을 현실로 바꾸려면 끈질긴 노력과 시간이 필요하다. 그렇다면 그 과정에 나도 동참해야 하지 않을까? 내가 가진 모든 것을 다해 이 도시를 성장시키고 싶다.

1997년 IMF 외환위기 속에서
경기 광주에 싹티운 희망의 씨앗

"상사란 물긴을 파는 일이 아니라,
사람과 희망을 이어주는 과정임을 깨달았다."

나는 청년 시절부터 건설 관련 일을 하고 싶었다. 땅을 일구고 돌을 다지고 벽을 세워 사람들에게 집을 지어주는 일이 내 꿈이자 소망이었다. 그래서 철물 건재업에 대한 열정을 품고, 선배가 운영하던 작은 철물점에 들어갔다. 가게는 허름했지만 내겐 배움의 터전이었다. 아침부터 밤까지 자재를 나르고 거래처를 따라 다니며 하나라도 더 익히려고 눈을 부릅떴다. 일이 고되고 돈은 적었지만, 나는 한순간도 배움을 놓치지 않았다. 그 5년은 내 인생을 다지는 기초공사와도 같았다.

배움이 어느 정도 차오르자, 나는 나만의 사업을 해보겠다는 결심을 굳혔다. 그렇게 오포 큰 도로변에 작은 건재상을 열었다. 그러나 하필이면 그해, IMF 외환위기가 나라를 덮쳤다. 기업이 무너지고 직장이 사라지고 사람들의 삶이 송두리째 흔들렸다. 방송에서는 연일 기업의 파산과 삶의 터전을 잃은 소시민들의 절망이 터져 나왔다. 가족과 친지들은 내 사업을 만류했다. 모두가 힘겹게 버티던 때, 새로운 도전을 한다는 것이 무모한 선택처럼 보였으리라.

하지만 나는 물러서지 않았다. 외환위기라는 파도 앞에서 주저앉는다면 내 가족을 지킬 수 없다고 생각했다. 가게라고 하기엔 초라한 공간이었다. 낡은 목재에 손수 붓으로 쓴 간판을 내걸었고 가게 안에는 벽돌 몇 장, 시멘트 몇 포대, 전선 뭉치 몇 개가 전부였다. 그러나 그 작은 공간은 우리에게 절박함과 희망이 동시에 머무는 자리였다. 첫 손님이 가게 문을 열고 들어왔던 날, 나는 그 순간이 내 삶의 전환점이 될 것임을 직감했다. 나와 아내는 매일 새벽 쌀죽 한 그릇으로 하루를 열고 저녁이 깊도록 가게 불을 끄지 않았다.

사업은 결코 순탄치 않았다. 작은 가게는 단열이 시원찮아, 여름에는 땀이 비 오듯 흘렀고 겨울이면 시멘트가 얼어붙었다. 공사 하나라도 놓치면 몇 달을 버티기 어려웠다. 아이들에게 작은 간식 하나 챙겨주지 못할 때면 마음이 무너졌다. 그러나 아내와 나는 서로를 바라보며 버텼다. 버티는 것이 곧 우리의 신뢰가 되었고, 그 신뢰는 입소문이 되어 조금씩 손님을 늘려주었다.

내 가게는 단순히 건축 자재를 파는 공간이 아니었다. 사람들의 이야기가 오가는 마을의 거실 같은 곳이었다. 손님이 앉아 흘리는 하소연, 이웃의 걱정을 나누던 짧은 대화는 나에게 사업이 단지 생계만을 위한 것이 아님을 깨닫게 해주었다. 그것은 지역과 함께 살아가는 과정이었고, 내 삶의 방향성을 잡게 한 도전이었다.

세월이 흘러, 내 가게는 이제 다음 세대로 이어졌다. 아들은 내 곁에서 새로운 방식으로 사업을 키워가고 있다. 옛날 허름한 가게 앞에서 아내와 함께 찍은 사진을 보면, 그때의 우리 눈빛이 얼마나 단단했는지 선명히 느껴진다. IMF라는 거대한 폭풍 속에서도 꺾이지 않았던 그 마음이 있었기에 오늘의 우리가 있는 것이다.

돌이켜보면, 그 시절 내가 연 것은 단순히 가게 하나가 아니었다. IMF라는 절망 속에서 경기 광주의 한 모퉁이에 희망의 씨앗을 싹 틔운 것이다. 씨앗은 작고 연약했지만, 그 땅을 지켜낸 땀과 눈물이 있었기에 지금은 단단히 뿌리를 내리고 굳건하게 자리 잡았다.

"가게 문을 열던 그날, 나는 단지 생계를 위한 문을 연 줄 알았다. 하지만 시간이 지나 돌아보니, 그것은 다시 삶을 열었던 문이었다."

매 양 철
TEL:765-43
진성샷

광주시의회로 향한 첫 발걸음

"정치는 약속이 아니라,
약속을 실행으로 옮기는 과정이다."

나는 늘 광주를 내 삶의 터전이자 미래라 여겨왔다. 철물건재상을 운영하며, 건설 현장을 뛰어다니며, 마을 이장과 씨름협회장을 맡아 사람들을 만났던 시간들은 단순히 생계만을 위한 것이 아니었다. 그것은 광주의 민낯을 온몸으로 배우는 과정이었다. 도로 한 줄기가 닦이지 않아 불편해하는 주민들의 불만, 복지 사각지대에 놓인 이웃들의 한숨, 마을 축제를 준비하며 터져 나오는 웃음과 연대감까지…… 나는 그 모든 것을 내 일처럼 받아들였다.

그런 나에게 2018년 제7회 전국동시지방선거 출마 제안은 단순한 선택지가 아니었다. 그것은 오랫동안 내 가슴속을 맴돌던 질문에 대한 대답이었다.

"나는 광주를 위해 무엇을 할 것인가."

출마를 결심했을 때, 주위의 반응은 엇갈렸다.

"네가 왜 정치를 하려 하느냐, 장사나 잘해라."
"정치판은 위험하다. 네가 버틸 수 있겠냐."

걱정과 만류의 목소리가 이어졌다. 하지만 나는 언젠가 누군가 이 길을 걸어야 한다는 것을 알고 있었다. 광주의 변화를 말로만 하는 사람이 아니라, 몸으로 실천할 사람이 필요했다.

선거운동은 말 그대로 전쟁 같았다. 새벽이면 길거리 인사를 나가고 낮에는 마을 골목골목을 누비며 주민들을 만났다. 직접 만든 전단지를 들고 서툰 말로 나를 소개했으며, 때로는 무시도 당하고 거절도 당했다. 그러나 포기할 수 없었다. 손을 내밀어 악수하는 순간, 눈빛으로 마주한 순간, 나는 확신했다.

정치는 책상 위에서가 아니라 거리에서 시작된다는 것을.

아내는 선거운동본부장이 되어 내 옆을 지켰다. 뙤약볕 아래에서도, 비바람 속에서도 함께 뛰며 "끝까지 가자."고 나를 다독였다. 선거란 결국 가족과 공동체의 힘으로 치러내는 것이다. 그리고 마침내 선거 결과가 발표되던 날, 나는 제8대 광주시의회 의원으로 당선되었다. 그 순간 느낀 감정은 환희가 아니라 책임이었다. 기쁨보다 무거운 무게가 먼저 가슴에 내려앉았다.

"이제 나는 시민의 목소리를 대변해야 한다. 나를 믿고 표를 던진 한 사람, 한 사람에게 응답해야 한다."

광주시의회 본관 계단을 처음 오르던 날의 기억을 나는 지금도 생생히 떠올린다. 돌계단 하나를 디딜 때마다 내 어깨에 실린 책임감이 점점 더 무겁게 다가왔다. 배지 수여식 날, 내 가슴에 달린 작은 휘장은 결코 장식이 아니었다. 그것은 시민이 내게 맡긴 명령이자 약속이었다.

의정 초반, 나는 크고 작은 벽에 부딪혔다. 조례 하나를 발의하

경
제8대 광주시의회 개원
일시 2018년 7월 2일(월) 장소 광주시의회 본회의장
축

고 통과시키는 과정이 결코 단순하지 않았다. 수많은 이해관계와 의견이 엇갈렸다. 때로는 설득했고, 때로는 양보했다. 정치가 얼마나 복잡한 과정인지 매 순간 깨달았다. 그러나 나는 단 한 가지를 잊지 않았다.

"시민과의 약속은 반드시 실행으로 이어져야 한다."

나는 사무실에 앉아 시간을 보내는 의원이 되고 싶지 않았다. 민원 현장으로 달려가 주민들의 목소리를 직접 듣고, 문제를 눈으로 확인했다. "도로가 불편하다."는 민원 뒤에는 늘 퇴근길에 피곤에 절은 시민이 있었고, "복지가 부족하다."는 호소 뒤에는 외로운 어르신의 한숨이 있었다. 그 순간순간이 나를 다시 일으켜 세웠다.

정치란 결국 삶을 해결하는 일이다. 책상 위 서류가 아니라, 골목길의 소음과 먼지 속에서 답을 찾아야 하는 것이다. 나는 그 길에 첫발을 내디뎠고, 오늘도 그 길을 걸어가고 있다.

위암이라는 시련,
삶의 가치를 다시 찾다

"죽음을 마주한 병실에서,
나는 정치가 삶을 지키는 일임을 배웠다."

정치의 길을 걷기 시작하면서도 나는 늘 건강 하나만큼은 자신 있었다. 매일 현장을 다니고 사람들을 만나느라 쉴 틈이 없어도, '나는 끄떡 없다'는 자신감이 있었다. 하지만 정기 건강검진에서 의사가 내게 내린 진단은 "위암입니다."였고, 이 말은 내 인생을 송두리째 흔들어놓았다.

"급성 전위성 위암, 다른 장기로까지 전이되었을 수 있다."

의사의 설명에 가슴이 철렁 내려앉았다. 그 자리에서 아무 말도

할 수 없었다. 의자에 앉아 두 손을 꼭 쥔 채, 억지로 눈물을 참았지만, 끝내 참지 못하고 병원 복도에서 하염없이 울었다.

가족들에게 사실을 전해야 했지만, 차마 바로 말할 수가 없었다. 아이들 얼굴을 떠올리는 순간, "혹시 내가 오래 살지 못하면……." 하는 생각이 나를 짓눌렀다. 그러나 아내의 손을 잡고 결국 고백했을 때, 아내는 눈물을 흘리면서도 단호하게 말했다.

"여보, 우리는 다 이겨낼 거예요. 당신은 혼자가 아니에요."

그 한마디가 나를 다시 붙잡았다.

수술 전날 밤, 병실은 유난히 고요했다. 같은 병실 안 환자들의 숨소리, 간간이 들려오는 키보드 소리까지 또렷했다. 잠이 오지 않아 몸을 일으켜 창밖을 바라보았다. 새벽 불빛이 희미하게 번지는 창가에서 나는 스스로에게 다짐했다.

"나는 다시 일어나야 한다. 아직 해야 할 일이 많다. 내 가족을 위해, 나 자신을 위해 살아야 한다."

수술하는 날, 침대 위에 누웠을 때 의사의 손길이 차갑게 다가왔다. 마취가 스며들며 의식이 멀어지기 전, 나는 속으로 조용히 기도했다.

'살아나게 해달라. 다시 걸을 수 있게 해달라.'

위를 반 넘게 잘라내는 수술은 성공적이었다. 눈을 떴을 때, 온몸이 무겁고 입 안이 바싹 말라 있었지만 살아 있다는 사실만으로 감사했다. 그러나 회복의 길은 결코 쉽지 않았다.

위 대부분을 잃은 몸은 이전과 같을 수 없었다. 죽 한 숟가락을 넘기는 데도 고통이 따랐다. 조금만 빨리 먹어도 가슴이 미어지고, 체력이 바닥까지 떨어졌다. 수술 전 85kg이던 몸무게는 20kg 가까이 줄어, 거울 속의 나는 몰라보게 야위어 있었다. 가족이 걱정스러운 눈빛으로 지켜볼 때마다 오히려 내가 더 마음이 아팠다.

그러나 나는 멈추지 않았다. 조금씩, 아주 조금씩 음식을 삼키며 다시 몸을 단련했다. 새벽에 일어나 조심스럽게 걸음을 떼고, 짧은 거리를 걷는 것부터 시작했다. 땀이 맺히고 숨이 가빠도 다시 걸을

수 있다는 사실이 내 발걸음을 떼도록 만들었다.

그 시간을 지나며 나는 삶의 무게를 새롭게 알게 되었다.

정치란 자리나 권력이 아니라, 삶을 끝까지 붙잡는 치열함이라는 것을 몸으로 깨달았다. 병상에서 보았던 환자들의 눈빛, 죽음 앞에서 서로를 위로하던 가족들, 그 속에서 나는 다시 한번 사람의 삶이 얼마나 소중한지, 그리고 정치가 반드시 그 삶을 지켜야 한다는 진리를 확인했다.

회복 후 다시 의정 활동에 복귀했을 때, 나는 이전보다 훨씬 더 시민 한 사람 한 사람을 깊이 바라볼 수 있게 되었다. 도로 문제, 복지 사각지대, 문화 시설 부족 같은 민원 뒤에는 사람이 있었고, 그들이 살아가는 삶이 있었다. 나는 이제 정치가 도시를 움직이는 것이 아니라, 사람을 지키는 것이라는 것을 안다.

지금도 나는 그 시절을 잊지 않는다. 병실 창가에 서서 스스로에게 했던 약속처럼, 나는 다시 일어섰다. 그리고 오늘도 다짐한다.

“정치는 말로 증명되는 것이 아니라, 삶으로 보여야 한다. 나는 암을 이겨냈고, 이제는 시민의 삶을 지켜내는 정치로 그 길을 걷겠다.”

시민의 삶에서 정치가 태어난다

"새벽시장과 버스정류장에서 답을 찾는다.
정치는 삶으로 증명된다."

나는 제8대 광주시의회에서 4년 동안 시민을 위해 헌신하며 의정 활동을 펼쳤다. 후반기에는 의장직을 맡아 광주시의 균형 발전을 위해 끊임없이 연구했고, 도시 곳곳을 발로 뛰며 시민들의 목소리를 직접 들었다. 그러나 그 자리는 한계가 있었다. 제안을 할 수 있었지만, 실현이 더딘 길이었다. 그때 나는 절감했다.

"정치는 책상 위의 문서가 아니라, 현장에서의 실행이어야 한다."

그렇다면 현장에서 실행할 수 있는 권한을 가진 사람이 되어야 한다. 그 깨달음은 나를 더 이상 머뭇거리게 두지 않았다. 나는 광주 시장에 출마하기로 했다.

2021년 10월 4일, 나는 광주시장 출마를 공식 선언했다. 새벽시장에서 상인들과 악수하며 시작된 하루는 저녁 늦은 간담회로 끝났다. 하루 열여섯 시간을 시민 속에서 보냈다. 전통시장의 한 할머니는 내 손을 꼭 붙잡고 말했다.

"시장님 되면 길 좀 고쳐줘요. 장사꾼들도 사람답게 살고 싶어요."

그 말은 공약집보다 무겁게 다가왔다. 나는 단호히 약속했다.

"따뜻한 광주, 누구도 소외되지 않는 도시를 만들겠습니다."

그러나 현실은 녹록지 않았다. 예상치 못한 여건들이 겹치며, 첫 도전은 무산되었다. 허탈감이 몰려왔지만, 오래 무너지지 않았다.

나는 다시 제9대 광주시의회 의원 선거에 도전했다. 나번 공천,

쉽지 않은 싸움이었다. 경험도 기반도 부족했지만, 나는 골목마다 발길을 옮겼고, 새벽마다 길거리에 섰다. 한 청년이 내게 물었다.

"의원님, 다들 처음엔 나는 다르다고 해요. 하지만 결국 다 똑같아져요."

나는 망설이지 않았다.

"맞습니다. 흔들릴 수 있죠. 그러나 왜 시작했는지를 잊지 않는다면, 끝까지 바르게 갈 수 있습니다."

결과는 낙선이었다. 그러나 나는 패자가 아니었다. 선거 과정에서 나눈 수많은 대화, 손을 잡아준 시민들의 온기, 골목길에서 들었던 숨소리들이 나를 더 깊은 깨달음으로 이끌었다.

좌절은 나를 단련시켰다. 실패는 나를 겸손하게 했다. 그러나 가장 중요한 것은, 나는 포기하지 않았다는 사실이다. 나는 다시 걷고 있다. 새벽시장을 향해, 버스정류장 앞에 서서, 시민들의 눈빛 속에서 답을 찾는다. 그리고 단호히 다짐한다.

나는 암을 이겨냈고, 낙선을 견뎌냈으며, 시민 속에서 다시 일어섰다. 이제는 더 강해진 마음으로, 더 치열한 준비로, 시민과 함께 변화를 만들어낼 것이다.

정치는 삶으로 증명된다. 나는 그 길을 끝까지 걸어갈 것이다.

3

임일혁의 리더십,
시민과 함께하는 길

"사람들은 권력을 되찾으려 광장에 모인 것이 아니라,
빼앗긴 상식을 되찾으려 모였다."

"민주주의는 그저 제도가 아니라,

시민이 함께 지켜내는 약속이다."

-버락 오바마-

나는 탄핵의 광장에서 민주주의를 지켜냈던 날들을 잊지 못한다. 비상계엄의 위협 앞에서 우리는 시민과 손을 맞잡고 자유와 권리를 지켜냈다. 정치의 신뢰가 무너졌을 때, 나는 다시 시민 곁으로 다가갔다. 카메라가 없는 골목, 일터, 장터에서 눈빛을 나누며 진짜 정치의 의미를 되새겼다. 민주주의는 저절로 유지되는 것이 아니다. 그것은 끊임없이 지켜야 할 시민과의 약속이다. 오바마의 말처럼, 나는 그 약속을 증명하는 리더로 서고자 한다.

비상계엄 앞에서 지켜낸 광장 민주주의

"민주주의는 위기 앞에서 더 깊어진다.
나는 광장에 시민과 함께 섰다."

나는 지금도 그날의 하늘과 공기를 생생히 기억한다.

2024년 12월 3일 화요일 저녁, 차가운 겨울 저녁의 공기가 도심을 가르고 있었다. 평소와 다르지 않던 밤. 그러나 한순간에 모든 것이 바뀌었다.

번개처럼 내리꽂힌 다섯 글자, '비상계엄령' 선포.

23시.

대한민국 제20대 대통령 윤석열은 국가긴급권을 남용하여 대한민국 전역에 위헌·위법한 비상계엄을 선포했다. 그 시각은 단순한 숫자가 아니었다. 그것은 헌정 질서를 뒤흔든 칼날이었고, 국민의 삶을 정지시키려고 한 폭력이었다.

23시 02분.

뉴스 속보가 화면을 덮었다.

"비상계엄 선포. 국회 및 국가 주요 시설에 군 병력 투입."

내 휴대전화는 쉬지 않고 울렸다.

"의장님, 국회 앞에 장갑차가 서 있다는데 사실입니까?"

"지금 출발하면 막을 수 있습니까?"

"우리는 어디로 가야 합니까?"

놀란 목소리들이 이어졌다. 두려움은 곧 행동으로 바뀌었다. 사람들은 기다리지 않았다.

23시 15분.

이재명 민주당 대표의 유튜브 라이브 방송이 시작되었다. 화면 속 그의 얼굴은 평소보다 창백했고, 목소리는 잠겨 있었으나 단호했고, 절박했다.

"지금 국회는 포위당했습니다. 국민 여러분, 국회로 와주십시오. 민주주의가 무너지고 있습니다."

단 3분 21초. 그 짧은 영상은 전국의 잠든 시민들을 일으켰다. 경기 광주도 예외는 아니었다. 태전동에서, 곤지암에서, 도척면과 퇴촌면에서, 학생과 자영업자, 농민과 교사, 청년과 어르신까지 망설이지 않았다. 사람들은 내게 전화를 걸어왔다.

"우리는 국회의 담장을 지키러 간다."

민주주의가 무엇인지, 그것을 어떻게 정의해야 하는지는 몰라도, 사람들은 본능적으로 알았다. 민주주의가 무너지는 순간만큼은 벼락처럼 깨달을 수 있다는 사실이었다.

23시 40분.

국회 앞에 도착하기도 전에 서울로 향하는 도로는 이미 사람과 차로 가득 차 있었다.

사람들이 몰려든 이유는 단순했다. 위임받은 권력을 되찾으려는 것이 아니었다. 그들은 빼앗긴 상식을 되찾으러 온 것이었다.

그 상식은 명료했다.

"총보다 헌법이 먼저다. 권력보다 사람이 먼저다."

탄핵

나는 광장에서 정치는 법전에 박제된 문구가 아니라, 추위에 떨며 국회를 향해 모여든 시민의 손과 발에서 살아 숨 쉰다는 것을 깨달았다.

나는 지난날 광주시의회 의장직을 맡아 수많은 회의를 주재했고, 수많은 조례들을 통과시켰다. 그러나 그날 국회 앞에서 느낀 감정은 그 어떤 법안보다 무겁고 뜨거웠다. 그것은 바로 시민이 손으로 붙잡고 있는 정당성, 그리고 몸으로 지켜내는 주권의 실체였다.

우리는 한 번도 "나라의 주인이 되겠다."고 목소리를 높인 적이 없다. 다만, 나라의 주인으로 존중받고 싶은 것이다. 1980년 5월 광주에서도 그랬고, 2024년 12월 서울에서도 다르지 않았다.

우리는 누구의 사주도, 어떤 조직의 명령도 따르지 않았다. 이념도 정당도 아닌, 외면할 수 없는 현실이 사람들을 거리로 불러냈고 그 부름에 가장 먼저 응답한 이들이 시민이었다.

그날 이후, 나는 경기 광주 시민들과 함께 매일같이 경기도 광주에서 국회로 당원과 지인들을 내차에 태워 출발했다. 누군가는 핫

팩을 들고 나왔고, 누군가는 마이크를 잡았다. 그리고 촛불 대신 응원봉을 흔들었다.

나는 그 광장에서 진짜 정치는 정당의 회의실에서가 아니라, 광장 한가운데서 책임을 지는 시민들 속에서 태어난다는 것을 배웠다. 권력을 가진 자가 아니라, 책임을 감당할 줄 아는 자가 진짜 지도자다.

국회 앞 광장에서 탄핵을 외칠 때마다 나는 내가 본 얼굴들을 떠올린다.

내게 핫팩을 건네던 청년의 떨리던 손, 국회 앞에서 눈물 흘리던 어머니의 어깨, 매서운 바람 속에서도 "퇴근 후엔 광장으로 간다."고 말하던 배달 기사의 입술.

나는 그들의 이름을 하나하나 기억한다. 그 이름들이 바로 나의 정치이고, 내가 지키려는 민주주의의 얼굴이다.

민주주의는 서울 한복판에서만 지켜지는 것이 아니다. 경기 광주의 어느 골목에서, 퇴촌의 버스정류장에서, 경안시장의 얼어붙은 손 위에서 살아 숨 쉰다.

그 손이 국회의 담장을 받쳤고, 그 발이 민주주의의 숨통을 되살

려냈다. 우리가 여기에 있어야 세상이 덜 흔들리고, 우리가 다시 나서야 무너진 헌법이 되살아난다. 그래서 우리는 국회 광장으로 나왔다. 우리는 걸었다. 우리는 싸웠다. 그리고 끝내 증명해냈다.

그리고 그날, 국회 앞 광장에서 나는 정치인 임일혁이 아니라, 민주주의의 이름으로 계엄을 막고자 한 한 사람의 시민이었다.

탄핵 이후 경기 광주,
시민의 신뢰를 되찾다

"발바닥으로 걸은 길이,
곧 민주주의의 지도였다."

탄핵 이후, 거리에 가득했던 분노는 침묵으로 바뀌었다. 그러나 그 침묵은 만족이나 후퇴가 아니었다. 그것은 다음 싸움을 준비하는 고요한 숨 고르기였다. 세상은 안도하지 않았고, 경기 광주는 더 이상 기다리지 않았다.

사람들은 속삭였다.

"탄핵은 정의였지만, 다음은 선택입니다."

그 말은 소회가 아니라, 국민의 명령이었다. 이 싸움은 권력 교체의 문제가 아니었다. 체제를 회복하고, 무너진 신뢰를 세우며, 우리가 살아갈 나라의 정체성을 다시 쓰는 일이었다.

거리 위에서 다시 시작된 정치

5월 12일, 공식 대선 유세가 시작되자 광주는 다시 하나의 거대한 무대가 되었다. 조명은 가로등이었고, 마이크는 확성기였으며, 무대의 배우는 정치인이 아니라 시민이었다.

나는 하루 세 번씩 시장을 돌았다. 경안시장의 어르신들은 따뜻한 커피를 건네며 말했다.

"우리가 왜 이렇게 나서는 줄 아시오? 다시는 무시당하고 싶지 않아서요."

그 한마디가 이번 선거의 출발점이었다. 정치는 누군가 대신해 주는 일이 아니라, 함께 살고자 함께하는 일이었다.

이재명 후보는 어느 연설에서 이렇게 말했다.

"우리가 만든 광장 위에 나라를 다시 세워야 합니다."

불법계엄 내란주범
윤석열을 탄핵하라!

그 말은 곧 경기 광주의 심장에 박혔다. 시민들은 눈빛으로 결의를 전했다.

"이번엔 놓치지 않겠다."

"다시는 그날을 반복하지 맙시다."

신뢰의 회복, 사람을 향한 정치

경기 광주 시민들은 단단한 마음으로 다시 길 위에 섰다. 정당도 권력도 아닌, 사람을 위한 선택이었다.

나는 아침 6시에 나와 밤 11시까지 도시를 돌았다. 양벌동 버스 정류장, 곤지암역 앞, 신현동 아파트 단지, 회덕동 전통시장. 그 모든 곳이 유세장이었고, 그 모든 순간이 토론장이었다.

시장 골목에서 만난 아주머니가 말했다.

"정치요? 믿지 않아요. 하지만 사람은 믿어요."

그 말은 이번 선거의 본질을 꿰뚫고 있었다. 우리는 정당을 위해 뛴 것이 아니었다. '사람을 다시 믿을 수 있는 나라'라는 단 한 줄의 약속을 지키기 위해 걷고 또 걸었다.

광주는 유세차보다 시민의 목소리로 움직였다. 나는 마이크를 내려놓고 사람들과 눈을 맞췄다. 유세는 말보다 표정이었고, 전략보다 관계였다.

나는 다시 말했다.

"이 선거는 후보를 뽑는 일이 아닙니다. 우리가 살아갈 나라의 방향을 정하는 일입니다."

시민의 손에서 태어난 민주주의

청년들이 먼저 움직였다. SNS에 응원 글을 올리고, 영상을 만들어 올렸다. 10대 청소년들은 유세장을 찾아와 종이에 "이재명 응원합니다"를 적어 들었다. 시민들은 광장에서 다시 응원봉을 들었다.

퇴근길 직장인들은 걸음을 멈추고 손뼉을 쳤다. 한 중년 남성은 가슴의 노란 배지를 가리키며 말했다.

"이번에는 당신들 믿고 갑니다."

나는 그 말에 고개를 숙였다. 정치는 설명이 아니라, 기억임을 그 순간 깨달았다.

이재명 후보의 연설은 점점 더 간결해졌다.

"당신이 포기하지 않으면, 우리가 이깁니다."

나는 그 말을 경기 광주의 골목마다, 사람마다 전했다.

학생에게도, 어르신에게도, 배달 기사에게도, 농부에게도 말했다.

"당신의 한 표는 단순한 표가 아닙니다. 그것은 나라가 어디로 가야 할지 알려주는 나침반입니다."

발바닥으로 증명한 승리

유세장에 모인 사람들 중 누군가는 울었고, 누군가는 입술을 깨물었다. 누구도 흥분하지 않았고, 누구도 소리치지 않았다. 그저 진심을 담아 걸었다.

광주의 유세는 거대한 행진이었다. 누군가는 깃발을 들었고, 누군가는 사진을 찍었으며, 누군가는 아무 말 없이 함께 걸었다.

어느 골목에서 누군가 외쳤다.

"이번엔 우리가 이기는 겁니다."

그 목소리에는 앰프도, 스피커도 없었지만, 울림이 있었다. 그 울림은 전국으로 퍼져나갔고, 나는 이번 선거가 여론조사가 아닌 발바닥으로 이기는 싸움이라는 것을 알았다.

그렇게 광주는 다시 선거의 심장이 되었다. 우리는 걷고, 말하고, 설득했다. 그 모든 순간이 민주주의였다. 정치는 먼 곳에서 내려오는 것이 아니라, 거리에서 피어나는 것이었다. 그리고 그 거리에는 언제나 시민이 있었다.

시민과 함께하는 리더십,
책임지는 선택

"리더십은 앞서가는 힘이 아니라,
뒤에서 밀어주는 책임자이다."

대통령 선거일이 다가올수록 길 위의 열기는 높아졌고 발걸음은 더욱 무거워졌다. 그 무게는 피로 때문이 아니라, 우리가 짊어진 약속 때문이었다. 누군가는 이 선거를 권력의 쟁취라 불렀지만, 우리는 그렇게 생각하지 않았다. 이 싸움은 권력을 위한 것이 아니라, 사람의 자리를 지키기 위한 것이었다.

후보는 이재명. 그는 스스로 앞에 서기보다 뒤에 서려 했다. 연설할 때도 사람들의 목소리를 먼저 들었고, 유세차 안보다는 광장에 더 오래 있었다. 그는 국민이 만든 후보였고, 그 말은 단순한 미

사여구가 아니었다. 장갑차를 막았던 사람들이, 이제 투표용지를 들고 다시 줄을 섰다.

나는 선거운동을 하며 매일 생각했다.

"이것은 단순한 선거가 아니다. 이것은 복원의 정치, 사람을 다시 세우는 여정이다."

나는 경기 광주 시민들과 함께 다시 길 위에 섰고, 그때의 나는 '전 의장'이 아니라 한 명의 동료 시민이었다. 사람들과 같은 간이 의자에 앉아 떡을 나누어 먹었고, 시장 골목을 걸으며 손을 흔들었다. 선거는 '지도자와 국민'이라는 낡은 구도를 허물고, '함께 걷는 사람들'이라는 새로운 형태를 만들고 있었다.

5월 15일, 광양 유세장에서 이재명 후보는 이렇게 말했다.

"대통령은 왕이 아닙니다. 심부름꾼, 일꾼, 대리인일 뿐입니다. 권력의 순위는 대통령, 국회…… 이게 아니고, 1번이 국민입니다."

그 말을 들으며 나는 국민은 기적을 바라는 것이 아니라, 무너진 상식을 지키려는 것임을 깨달았다. 민주주의는 거대한 이상이 아니라, 매일의 생활 속에서 유지되어야 하는 가장 기본적인 상식이다.

어느 날, 신현동 유세에서 한 청년이 내게 다가왔다. 그의 손에는 새것 같은 주민등록증이 쥐어져 있었다.

"의장님, 저 이번이 첫 투표예요. 무섭지만 해보려고요."

나는 그의 손을 꼭 잡고 말했다.

"이건 네가 처음으로 나라를 책임지는 행동이야. 우리는 그걸 지켜줄 거야."

그날 이후, 나는 이 선거를 '국민의 첫 책임'이라 부르기 시작했다. 투표는 단순히 권리를 행사하는 행위가 아니라, 스스로의 삶을 책임지는 첫 순간이었기 때문이다.

광주 곳곳에서, 시민들은 가족처럼 서로를 챙기며 유세에 나섰다. 누군가는 간식을 준비했고, 누군가는 자신의 차를 내주었다. 한 어르신은 내게 말했다.

"이게 내 선거운동이여."

그 말 앞에서 누구도 말을 덧붙이지 않았다. 그것은 정당의 지시도, 조직의 구호도 아닌, 시민의 자발적인 선언이었다.

6월 3일 밤, 우리는 마침내 결과를 마주했다. 선거관리위원회의 화면에 숫자가 떴다.

"이재명, 제21대 대통령 당선."

경기 광주에서는 환호가 터지지 않았다. 대신 고요한 울음과 다정한 포옹이 이어졌다. 누군가는 속삭였다.

"이제 시작이야."

그렇다. 승리는 끝이 아니라 시작이었다. 망가진 국가를 재건해야 하는 무거운 책임의 출발이었다. 광주 시민들은 대통령을 만든 것도, 민주주의를 지킨 것도 결국 자기 자신들이라는 사실을 잘 알고 있었다.

다음 날 새벽, 나는 다시 광주의 골목을 돌았다. 전날과 똑같은 시장, 똑같은 도로였지만 모든 것이 달라 보였다. 어제까지는 선거운동의 현장이었지만, 오늘부터는 민주주의의 실험실이자 우리가 함께 써 내려갈 새로운 나라의 첫 장이었다.

나는 시민들에게 말했다.

"이제 우리가 만든 정부입니다. 정치는 여전히 우리의 몫입니다. 대통령을 만든 것도, 민주주의를 지키는 것도 결국 사람입니다."

정치는 제도가 아니다. 정치란, 사람이 사람을 믿는 일이다. 그 믿음이 대통령을 만들고, 그 믿음이 나라를 다시 세운다. 그리고 그 첫걸음은 광주의 어느 시장통에서, 어느 골목 어귀에서, 누군가가 내민 손에서 시작되는 것이다.

시민과 함께하는 리더십은 화려한 연설이 아니라, 그 손을 붙잡고 끝까지 책임지는 선택이었다.

TV 밖에서 소통하는 리더, 사람과 함께 걷다

"정치란 사람이 사람을 믿는 일이다."

대통령 선거가 끝난 뒤에도 광장은 사라지지 않았다. 오히려 더 깊고 더 넓게 시민들의 삶 속으로 스며들었다. 선거 과정에서 확인된 것은 단순한 승리의 기쁨이 아니었다. 그것은 정치가 더 이상 TV 속 뉴스 클립이나 화려한 유세차 위에서만 존재하지 않는다는 사실이었다. 정치의 진짜 무대는 광장의 한복판이 아니라 시장의 골목과, 청년들의 카페, 어르신들의 경로당, 그리고 매일 오가는 버스정류장이었다.

나는 선거 이후에도 매일 길 위에 섰다. 사람들의 목소리는 카메라 앞에서는 들을 수 없었던 것들이었다. TV 화면에 잡히지 않는 이야기들이 진짜 정치였다. 소상공인은 매출이 줄어드는 불안을, 청년은 미래를 설계할 수 없는 막막함을, 농민은 판로를 잃은 답답함을 이야기했다. 그 목소리는 내 수첩에 빼곡히 기록되었다. 정치란 결국 사람의 삶을 대신 읽고 써 내려가는 일이 아니라, 그들의 손에 펜을 쥐여주는 일이었다.

이재명 대통령은 취임 후 국민 앞에서 선언했다.

"국민이 주인인 대한민국, 국민과 함께 만들겠습니다."

그 말은 거대한 구호가 아니라 약속이자 계약이었다. 그리고 그 계약은 TV가 아니라, 사람들의 발걸음으로 확인되었다. 광주에서는 당선 직후부터 자발적 모임들이 이어졌다. 마을 단위로 공약을 점검하고, 청년들이 직접 고용 대책 회의를 열고, 어르신들이 생활현안을 의논하는 사랑방 모임이 매일같이 열렸다. 그 자리는 언론에 보도되지 않았지만, 민주주의가 가장 선명하게 살아 움직이는 자리였다.

어느 날, 경안시장 앞에서 만난 한 상인이 내게 이렇게 말했다.

"의장님, TV 속 대통령 말도 좋지만, 사실 저희는 그보다 내일

장사 준비가 더 급합니다. 그런데도 우리가 대통령을 지킨다고 하는 건, 결국 우리 삶을 지키는 거랑 같으니까요."

그 말은 정치의 본질을 꿰뚫는 것이었다. TV로만 존재하는 리더십은 공허하다. 진짜 리더십은 사람과 함께 걷고, 같은 발걸음의 속도를 맞추는 데에서 비롯된다.

이재명 대통령의 연설은 점점 짧아지고 단순해졌다. 그러나 시민들의 이야기는 점점 더 깊어지고 길어졌다. 리더는 말 대신 듣는 것으로 존재감을 증명했다. 대통령의 한마디보다 더 중요한 것은 그 말을 받아들이는 국민의 태도였다. 정치의 생명은 연설이 아니라 공감이었다.

TV 앞에서는 한 명의 연설자가 필요하지만, 길 위에서는 수많은 시민이 곧 연설자가 된다. 나는 카메라 대신 눈빛을 보았고, 원고 대신 사람들의 손을 잡았다. 정치는 설명이 아니라 기억임을, 정치의 언어는 마이크가 아니라 손바닥의 온기임을 다시 배웠다.

광주는 그렇게, TV 밖에서 자라는 민주주의의 교과서가 되었다. 화면에 비치지 않는 작은 모임, 기록되지 않는 짧은 대화, 그리고 누군가의 주머니 속에 쥐어진 메모 한 장이야말로 정치의 씨앗이

일방통행
SUSHI RESTAURANT
775.8282

었다. 대통령을 만든 것도, 정부를 세운 것도 결국 사람들의 작은 발걸음이었다.

정치는 멀리 있는 권력이 아니라, 곁에 있는 관계다. 리더십은 앞서가는 용기가 아니라, 함께 걷는 책임이다. TV 밖에서 사람과 함께 걷는 정치만이, 시민의 신뢰 위에 서는 민주주의를 지켜낼 수 있다.

시민을 위한 정치,
함께 가는 길을 만들다

"시민 없는 정치는 독백이지만,
시민과 함께하는 정치는 합창이다."

정치가 바뀌고 가장 먼저 달라진 것은 거대한 법안이나 복잡한 제도가 아니었다.

화면 너머에서 들려오는 목소리였다.

국무회의의 발언도, 기자회견도, 심지어 댓글 속 짧은 영상 메시지조차 더 이상 높은 곳에서 내려다보는 말투가 아니었다.

이재명 대통령은 시민과 이야기하듯 말했고, 무엇보다 진심으로 들었다. 출근길 시민들과 인사를 나누는 장면이 처음 보도되었을 때, 사람들은 잠시 의심했다. "연출 아니겠어?" 그러나 곧 알게 되었다. 그는 원고가 아닌 눈빛으로, 연설이 아닌 대화로 정치를 하고 있었다.

어느 날은 마트에서 장을 보던 시민 옆에 앉아 고물가 이야기를 나누었고, 또 다른 날은 시장 상인의 손을 잡고 "힘내십시오. 이제 진짜 바꿔보겠습니다."라고 말했다. 그 순간, 정치는 다시 생활이 되었고, 국민은 정치가 자신의 언어로 돌아왔음을 느꼈다.

경기 광주의 한 버스 기사는 이렇게 말했다.

"대통령이 기사 휴게실, 화장실 얘기를 하더라고요. 그런 디테일한 걸 이제까지 누가 알아줬어요?"

그 말은 단순한 소감이 아니었다. 그것은 시민과 대통령 사이에 끊겼던 선이 다시 연결되었다는 증거였다.

이재명 대통령은 질문을 피하지 않았고, 비판을 무시하지 않았다. 시민의 거친 항의조차 끊지 않고 끝까지 들었으며, 때로는 "제가 잘못했습니다."라고 담담히 말했다. 그 한마디에 국민은 처음으로 정치인이 아닌 '책임지는 사람'을 보았다. 누군가는 울었고, 누군가는 친구에게 "투표 잘했다."고 말했다.

뉴스는 다시 초대장이 되었다.

"오늘 대통령이 또 시민 질문에 답했다더라."

“이 말, 우리 동네 이야기 같아.”

사람들은 다시 정치에 대해 말하기 시작했고, 정치의 언어는 명령이 아닌 공감으로 바뀌었다.

정치는 원래 사람이 하는 일이다. 대통령이 시민을 대신해 말하는 사람이 아니라 함께 듣고 말하는 사람이 될 때, 국정은 다시 국민의 삶을 닮는다. 이제 TV를 켜는 일이 불신의 반복이 아니라, 위로와 제안의 시간이 되었다. 그것이야말로 정치가 우리 곁에 돌아왔다는 신호였다.

그러나 소통의 정치는 하루아침에 주어진 것이 아니었다.

그 시작에는 2024년 12월 3일 밤, 대한민국 전역에 내려진 위헌적 비상계엄을 막아낸 시민들의 결단이 있었다.

그날 국회 앞 광장은 두려움으로 가득 차 있었지만, 시민들은 물러서지 않았다. 누군가는 떨리는 목소리로 “우리가 헌법이다.”라고 외쳤고, 누군가는 차가운 바닥에 앉아 손을 맞잡았다. 군화의 발소리보다, 시민의 외침과 결기가 더 크게 울려 퍼졌다. 그날 우리는 두려움 위에서 민주주의를 다시 세웠다.

탄핵 가결 후, 나는 이재명 당대표로부터 1급 포상을 받았다.

"그날 당신이 보여준 책임감이 오늘의 민주주의를 지켜냈습니다."

그 한마디는 내게 상훈보다 더 큰 울림으로 다가왔다. 그것은 나의 것이 아니라 광장에 섰던 모든 시민들의 이름 없는 용기에 바쳐진 증언이었다. 그것은 공동체가 함께 내디딘 발걸음이었고, 그 걸음 하나하나가 헌법 위에 민주주의라는 단어를 다시 새긴 일이었다는 것을 나는 알았다.

"시민을 위한 정치"란 거창한 이념이 아니다.

마트에서의 대화, 버스 기사님의 목소리, 광장에서 맞잡은 손, 그것이 곧 정치다.

우리가 함께 지켜낸 헌법 위에,
우리가 다시 만든 소통의 언어 위에,
시민과 함께 걷는 길이 지금 펼쳐져 있다.

지난 겨울, 민주주의의 역사를 함께 쓴
그대를 기억합니다

4

임일혁의 비전,
경기 광주의 미래를 열다

"청년에게 희망을

닫힌 점포 앞에 선 청년의 눈빛은 기회의 문을 열고자 하는

작은 불씨였다. 그 불씨는 곧 창업 지원과 청년 일자리 확대라는

이름으로 타올라야 한다.

청년이 미래를 향해 나아갈 용기를 선물해야 한다.

지속 가능한 경기 광주

사라져 가는 숲과 오염된 하천은 도시의 성장이
자연과 공존해야 한다는 엄중한 경고를 던졌다.
교통 체증으로 낭비되는 시간은 단순한 불편을 넘어
시민의 삶의 질을 훼손하기에,
교통망 확충은 곧 시민의 시간을 되찾아주는 일이 될 것이다.

모두가 행복한 도시

모두가 행복한 도시는 어르신의 삶을 존중하는 제도에서
시작되어야 한다. 따뜻한 노후를 보장하는 도시야말로
모든 세대의 미래를 지키는 약속이다.
우리의 모든 선택은 현재 세대만을 위한 것이 아니다.
광주를 물려받을 다음 세대를 위한 약속이자,
동시에 현재를 살아가는 모든 이의 존엄을 지키는 길이다.

이 모든 비전이 현실이 되어,
경기 광주를 모든 시민에게 더 나은 삶을 선사하는
희망의 도시로 만들어야 한다."

"우리는 조상을 위해 땅을 지키는 것이 아니다.

자손을 위해 지키는 것이다."

- 인디언 속담-

닫힌 점포 앞에 선 청년의 눈빛에서, 나는 다시 시작할 수 있는 용기를 보았다. 숲과 물이 사라져가는 현실 속에서, 나는 도시가 생명을 품어야 한다는 사명을 느꼈다. 막힌 도로와 오랜 기다림 속에서, 나는 교통이 단순한 편의가 아니라 시민의 삶의 시간이라는 것을 알았다. 고령의 어르신이 존중받는 사회야말로 진정한 복지의 시작이다. 이 모든 것은 우리 세대를 위해서가 아니다. 아직 오지 않은 세대를 위해 반드시 지켜야 할 약속이다. 인디언 속담이 전하듯, 우리는 이 땅을 온전히 지켜서 자손에게 주어야 한다.

골목상권의 위기

경제

"소상공인의 희망을 지키는 일은

곧 도시의 미래를 세우는 일이다."

문을 닫는 사람들과 희망을 기다리는 사람들

"우리가 포기하지 않는다면, 골목은 다시 불을 밝힐 것이다. 아직 늦지 않았다."

경기 광주의 전통시장 골목은 아침이 되면 가장 먼저 깨어나는 곳이다. 상인들은 일찍부터 가게 문을 열고, 국솥에 불을 올리고, 물건을 정리하며 하루를 준비한다. 시장을 따라 걷다 보면 생선 비린내와 갓 튀긴 튀김 냄새가 뒤섞이고, 친근한 인사말들이 골목 사이사이를 채운다. 나는 종종 그 시장을 찾곤 한다. 특별한 목적이 있는 건 아니다. 그저 정리되지 않은 마음을 달래거나 잊고 지낸 누군가를 떠올리다 보면 자연스럽게 그곳으로 발길이 향하곤 했다. 시장은 누군가에겐 일터이고, 누군가에겐 일상의 정류장이다.

하지만 어느 날부터인가 익숙했던 시장의 모습이 하나둘씩 변하기 시작했다. 반쯤 내려간 셔터가 끝내 열리지 않던 날이 늘었고, 붐비던 식당 앞도 조용해졌다. 사람들이 오가던 자리엔 '임대 문의'라고 쓰인 종이만 바람에 흔들렸다. 처음엔 단순한 침체 현상일 거라고 생각했다. 하지만 그건 일시적인 현상이 아니었다. 팬데믹이라는 거대한 파도가 천천히, 그러나 확실하게 이 골목의 일상을 집어삼키고 있었다.

코로나19는 시장을 구성하던 모든 리듬을 멈춰 세웠다. 거리두기, QR코드, 마스크 착용, 임시 휴장. 방역 지침은 곧 삶의 새로운 방식이 되었고, 그 변화에 적응하지 못한 상인들은 하루하루를 불안 속에 보냈다. 매일 바뀌는 공문을 해석하는 일도, 방역 물품을 마련하는 일도 전부 자영업자의 몫이었다. 디지털 기술에 익숙하지 않은 고령의 상인들은 손님을 맞이하는 것조차 부담스러워했다. 그렇다고 온라인 판매나 배달 서비스를 하기엔 그들에게 너무 멀고 낯선 이야기였다. 결국 그들은 장사를 줄이거나 문을 닫거나 그냥 주저앉는 수밖에 없었다.

나는 그런 시장 안에서, 한 가게가 마지막 영업을 하는 장면을 목격한 적이 있다. 소박한 식당이었다. 아마 수십 년 가까이 장사를 한 곳일 것이다. 문 옆에 작은 종이 한 장이 붙어 있었다.

'오늘, 마지막 영업입니다. 그동안 감사했습니다.'

마지막 날이라는 가게 안에는 여전히 김이 피어오르는 국솥이 놓여있었다. 익숙한 의자, 낡은 앞치마, 정리되지 않은 반찬통. 일상은 변치 않았건만 분위기가 변했다. 공간 전체가 조용히 '작별'을 준비하는 듯했다.

사장님은 말없이 식탁을 닦고 있었다. 손에 익은 동작이었지만, 그 손끝에는 기운이 없었다. 오랜 단골이 찾아와 인사를 건넸다.

"그동안 정말 수고하셨어요."

사장님은 미소를 지었지만, 웃음 속에 담긴 체념과 허탈함이 그대로 전해졌다.

한 가게의 폐업은 숫자 하나로 설명되기 어렵다. 그것은 누군가의 인생이 조용히 접히는 일이며, 시장이라는 공동체 안에서 하나의 연결고리가 끊어지는 순간이다. 식당 하나가 사라지면 그곳을 찾던 단골이 갈 곳을 잃고, 인근 상점과의 유기적인 관계도 끊긴다. 점심시간마다 모이던 상인들의 작은 쉼터도 사라진다. 그 공백은 단순히 물리적인 공간이 아니라, 시간이 녹아든 장소로서의 상실감이다. 그래서 나는 멀찍이서 셔터가 닫히는 모습을 지켜보며 생각했다.

'이 자리를 다시 채울 수는 없을까?'

단순히 아쉬움 때문이 아니다. 시장에는 문을 닫는 사람이 있었지만, 그 반대편에는 문을 열고 싶어도 열 수 없는 사람들이 있었다. 나는 창업을 꿈꾸는 여러 청년들을 만났다. 작게라도 자기 가게를 가지고 싶다는 사람들, 손수 만든 빵이나 커피를 시장에서 팔고 싶다는 사람들. 그들은 공통적으로 이렇게 말했다.

"빈 가게는 많은데, 우리 같은 사람들은 들어갈 수가 없어요."

초기 비용, 인테리어 부담, 상권에 대한 정보 부족, 무엇보다 시장이라는 공간에 대한 두려움. 이 모든 것을 온전히 개인의 힘으로 감당하기엔 턱이 너무 높았다.

광주 전통시장 곳곳에는 공실이 늘어나고 있다. 하지만 그 자리에 청년들이 입점하는 경우는 드물다. 빈 점포가 많아도 임대료는 여전히 높고 권리금 부담이 크며 리모델링과 설비 투자가 필요하다. 정책적으로도 진입을 돕는 장치는 많지 않다. 시장 상인회나 협동조합도 젊은 창업자를 적극적으로 환영할 준비가 되어 있지 않다. 결과적으로 시장은 외부에 적극적이지 않고, 청년들은 발길을 돌린다. 남는 것은 셔터가 내려간 채 방치된 점포들뿐이다.

볼보.두산.현대
고압호스 제작
발전기
대호발전기

나는 문을 닫는 사람들과 들어오지 못하는 사람들 사이에 거대한 간극이 존재한다는 것을 깨달았다. 그리고 그 간극을 메우지 않으면, 시장은 결국 조용한 폐허로 남게 될 것이다. 나는 스스로에게 질문을 던졌다.

"이 골목, 다시 살아날 수 있을까?"

누군가는 이 공간을 필요로 하고, 이곳에서 시작할 수 있는 사람들이 존재한다고 나는 믿고 싶었다. 공간과 그들을 연결하는 일이 지금 내가 해야 할 일이라면, 주저하지 않겠다고 다짐했다.

시장은 단순한 상업 공간이 아니다. 그것은 삶의 무게가 내려앉은 공간이고, 수많은 관계와 이야기가 오가는 장소이다. 나는 여전히 그 골목을 걷는다. 셔터가 닫힌 가게 앞에서 잠시 멈추어 바람에 흔들리는 안내문을 바라보며 그곳의 지난 시간을 상상한다. 그리고 언젠가 그 자리에 새로운 손길이 들어와 다시 불을 켜고 "어서 오세요."라고 말하는 날을 기다린다. 우리가 포기하지 않는다면, 골목은 다시 살아날 수 있다.

아직 늦지 않았다.

청년 창업의 가능성과 희망

“청년이 떠나면 도시가 늙고,
청년이 남으면 도시는 다시 젊어진다.”

겨울이 끝나갈 무렵이었다. 바람은 아직 차가웠고, 시장 바닥에는 전날 내린 빗물이 흥건히 고여 있었다. 경안시장 안쪽 골목, 늘 조용하던 공실 점포 하나에 불빛이 켜졌다. 처음엔 사람들은 무심히 지나쳤다.

“누가 들어왔나 보다.”

“얼마나 버틸까?”

시선은 잠깐 스쳤다가 이내 흘러갔다. 간판도 없었고, 문 앞 화분도 없었다. 다만 유리창 너머로 어깨를 움츠린 청년이 보였다. 그는 벽에 페인트를 칠하고 낡은 전선을 조명과 연결하고 중고

에스프레소 머신을 옮겼다. 낡고 오래된 시장에서는 낯선 풍경이었다.

그는 서른을 갓 넘긴 청년이다. 서울에서 직장을 다녔으나 회의를 느끼고 무작정 내려온 도시가 광주였다. 어릴 적 외갓집이 있던 곳, 방학이면 반찬가게를 하던 할머니를 따라 시장을 돌던 기억이 남아 있다고 했다.

"그땐 고기 굽는 냄새, 국물 끓는 소리, 사람들 웃음소리가 뒤섞여 있었죠."

그가 들어선 점포는 6평 남짓. 천장은 울퉁불퉁했고, 바닥은 오래된 타일이 깨진 채 남아 있었다. 그는 한 달 동안 매일 혼자 출근했다. 하루에 한 번 페인트칠을 하고, 버려진 나무판자를 주워 망치질해 책장을 만들었다. 친구가 기증한 책을 한 권 한 권 닦아 꽂고, 작은 커피 머신을 설치해 연습 삼아 하루 수십 잔을 내려 마셨다. 그는 웃으며 말했다.

"여긴 가게라기보단, 내가 하루를 버티는 곳이에요."

문을 연 첫날, 사람들은 여전히 무심했다. 누구도 인사를 하지 않았고, 누군가는 힐끔 창문을 보며 중얼거렸다.

"카페인가, 책방인가."

첫 일주일 동안 손님은 딱 한 명이었다. 지나가던 젊은 여성이 커피 한 잔을 주문하고 말없이 책장을 넘겼다. 청년은 그날 하루 종일 그 장면을 곱씹었다. 그러나 그 다음 주에는 아무도 오지 않았다.

시장 분위기는 낯선 이에게 따뜻하기보다 무심했다. 어떤 날은 "이런 데서 책 보고 커피 마실 사람이 누가 있겠어?" 하는 말도 들려왔다. 청년은 애써 흘려들으려 했지만, 문을 열 때마다 깊은 한숨이 새어 나왔다.

그러던 어느 날, 맞은편 반찬가게 사장님이 들어왔다.

"밖에서 보니 조용해서. 커피 있어요?"

청년은 당황했지만 웃으며 커피를 내렸다. 사장님은 다 마시고는 한참 침묵하다가 이렇게 말했다.

"괜찮네. 난 책은 잘 안 보지만, 이런 데가 하나쯤은 있어야지."

그 말 한마디가 그의 하루를 바꿨다.

그날 이후 반찬가게 사장님은 며칠에 한 번씩 들렀다. 종종 반찬 샘플을 가져와 나눠주기도 하고, 가끔 "장사는 어때?"라며 어깨를 툭툭 치기도 했다. 짧은 인사 한마디 덕에 청년은 다음날에도 문을 열 수 있었다.

한 달쯤 뒤, 장을 보러 온 엄마 손을 잡은 초등학생 아이가 문을 열고 들어왔다.

"여기 책 빌려도 돼요?"

청년은 아이의 이름을 물어보고, 종이카드에 이름을 적고 책갈피를 만들어 건넸다.

"다 읽으면 다시 와요."

그 아이는 그다음 주에도, 또 그다음 주에도 가게에 들렀다.

가게는 여전히 조용했다. 매출도 크지 않았다. 하지만 책을 읽는 아이, 커피를 천천히 마시며 신문을 읽는 노인, 점심마다 들러 짧은 인사를 남기는 상인들이 생겨났다. 누군가는 말했다.

"혼자 있는 법을 잊은 사람들을 위한 공간 같다."

석 달쯤 지났을 무렵, 같은 골목 끝에 또 다른 청년이 디저트를 파는 가게를 열었다. 이번에는 반응이 달랐다. 시장 사람들은 "요즘 젊은 사람들 대단하네."라고 말했다. 가끔 두 청년이 서로 커피와 디저트를 나누며 웃는 모습도 보였다.

그는 말했다.

"매출이야 크지 않지만, 여기서 누군가가 나를 알아보고 내 이름을 불러주고 날 기다려주는 사람이 있다는 게 커요. 버티는 게 아니라, 하루하루를 채우고 있다고 느껴요."

그의 가게는 더 이상 공실이 아니었다. 누군가에겐 잠시 머물다 가는 쉼터였고, 누군가에겐 익숙한 리듬을 만들어주는 공간이었다. 그리고 그 골목은 다시 숨을 쉬기 시작했다.

도시의 변화는 도면과 계획에서만 시작되지 않는다. 하루에 커피 두 잔을 팔더라도, 매일 문을 열고 자리를 지키며 사람을 맞이하는 누군가가 있을 때, 도시는 그 자리에서 다시 숨 쉬기 시작한다.

경기 광주의 어느 오래된 시장 골목. 바삐 지나가는 사람들 사이, 그 골목 어딘가에서 여전히 청년은 조용히 커피를 내리고 있다. 그 조용한 불빛 하나가, 이 도시의 내일을 조금씩 밝히고 있다.

OPEN

도시의 미래는
청년이 켜는 조그만 불빛 하나에서
시작된다

희망 상생 프로젝트: 닫힌 셔터를 여는 소상공인 정책

종종 도심의 골목길을 걷다 보면 어둡게 내려앉은 셔터가 연이어 이어지는 풍경과 마주한다. 한때는 불이 꺼지지 않던 가게들이었다. 사람들의 발길로 북적이던 식당, 아이들의 웃음소리가 번지던 문구점, 주민들의 식생활을 책임지던 작지만 각양각색의 가게들. 그러나 지금은 먼지가 쌓이고 '임대 문의'라는 문구들만 쓸쓸히 걸려 있다.

나는 그 앞에 서 있는 청년을 떠올린다. 졸업장을 쥐었지만 갈

곳을 찾지 못한 청년, 대기업 문턱에서 번번이 좌절한 청년, 불안정한 아르바이트로 하루를 버티는 청년. 그는 묻는다.

"이 자리에서 나의 길을 다시 열 수 있을까?"

닫힌 문은 절망처럼 보이지만, 동시에 새로운 꿈이 들어설 자리이기도 하다. 청년 창업은 단순히 돈벌이가 아니다. 그것은 도시가 청년에게 건네는 또 하나의 손길이며, 미래를 묻는 질문이자 응답이기도 하다.

도시 재생을 위한 고민

경안시장 입구는 내가 어린 시절 어머니 손을 잡고 걷던 장소였다. 시끌벅적했던 시장 골목은 한때 모든 것이 가능했던 곳이었다. 소주 한 병, 장갑 한 켤레, 어묵 한 봉지, 그리고 오래된 이웃들의 안부까지. 그러나 어느 날부터 도시는 달라졌다. 중심은 대형 마트와 온라인으로 옮겨갔고, 시장은 오래된 풍경화처럼 쇠퇴했다.

그 속에서 나는 뜻밖의 가능성을 보았다. 젊은이들이었다. 곤지암에서 도예 공방을 운영하던 청년은 내게 말했다.

"스튜디오 임대료가 너무 비싸요. 시장 안 빈 점포는 절반이면 되는데, 연결해 주는 사람이 없어요."

또 한 청년은 자신이 만든 샌드위치를 온라인으로만 팔고 있었다.

“고객과 직접 마주하고 싶은데, 그럴 장소가 없어요.”

이들에게 부족한 것은 용기가 아니라, 구조였다. 시작할 수 없는 구조, 연결되지 않은 자원, 버려진 공간.

나는 스스로에게 질문을 던졌다.

“닫힌 가게와 시작하고 싶은 청년을 연결해주는 일, 이게 행정이 해야 할 일이 아닐까?”

그때부터 나는 ‘희망 상생 프로젝트’를 구상했다. 시장 공실을 전수조사하고 상인회와 간담회를 열었다. 청년들과 직접 만나 무엇이 필요한지, 무엇이 가장 두려운지를 들었다. 현장에서 수집한 정보를 바탕으로 실천 가능한 계획을 세웠다.

나의 이러한 생각에 물론 회의적인 시선도 있었다.

“청년들이 얼마나 버티겠어.”

“왜 우리보다 그들을 더 챙기나.”

그 말들도 이해가 간다. 오랫동안 시장을 지켜온 이들에게는 청년 지원 정책이 그들만 챙기는 것 같아 서운할 수 있었다. 그래서 나는 청년을 지원하는 동시에 기존 시장 상인들과 지역 소상공인들을 돕는 정책도 고민했다.

지역을 살리는 일은 어느 특정 계층만을 위한 것으로 이루어지지 않는다. 기존 상인과 신뢰를 쌓고, 그 뒤를 이을 청년들과 보조를 맞추어야 한다. 변화는 그렇게 시작되어야 한다.

“소상공인의 희망을 지키는 것이 곧 도시의 미래다.”

광주는 상수원으로서 오랜 시간 수도권에 물을 공급하느라 희생해 왔다. 공장을 짓지 못했고, 도로도 마음껏 내지 못했다. 개발제한이라는 이름의 사슬은 도시의 잠재력을 묶어두었다. 이제 그 희생에 걸맞은 균형 발전이 필요하다. 그 시작은 시장, 소상공인, 청년 창업자에게 실질적인 기회를 제공하는 것이다.

그래서 나는 다음과 같은 계획을 구상했다.

- 더 많은 공실 점포를 공공 창업 공간으로 전환한다.
- 시비와 도비를 활용해 공실 점포를 리모델링하고, 청년들에게 임대료를 보조한다.
- 기존 상인과 청년 창업자를 1:1 멘토링으로 연결하고, 상권 분석, SNS 마케팅, 운영 노하우 교육까지 종합 패키지로 제공한다.

- 입점 후 6개월간 창업 안정화 컨설턴트 서비스를 제공한다.
- 기존 상인에게는 간판 교체와 화장실 개보수 등 리노베이션과 공동 마케팅, 야시장 시범 사업 등 공공 캠페인을 연계 지원한다.
- 시장 전체에는 세대가 공존하는 공동 운영 모델을 제시한다.
- 폐점포 매입형 청년 상권 개발 프로젝트를 추진한다.

이제 광주는 '개발 제한 도시'가 아니라, '희망 실험 도시'로 다시 태어나야 한다. 그리고 그 출발점은 시장이며 사람이며 미래여야 한다.

나는 오늘도 시장 골목을 걷는다. 불빛이 켜진 가게 안에서 손님을 맞는 청년, 새로운 이웃을 받아들이는 중년 상인, 그 사이를 따뜻하게 채우는 광주의 온기를 느낀다.

"경기 광주시의 불빛은, 절대 꺼지지 않을 것이다."

희망 상생 프로젝트의 세 가지 축

1. 청년 창업 공간 지원

- 전통시장의 공실 점포를 리모델링하여 저렴한 임대료·유연한 계약 조건 제공
- 초기 인테리어 비용과 기본 시설 지원
- 경기도 및 중앙정부와 연계한 '임대료 보조금 제도' 도입

2. 멘토링·교육 프로그램

- 창업 초기 실패율을 줄이기 위해 '기성 상인 – 청년 창업자' 1:1 멘토링 제도 운영
- 장부 작성, 단골 확보, 마케팅 기법 등 실질적 노하우 전수
- '세대 간 상인 네트워크' 구축 → 시장 전체의 경쟁력 강화

3. 상생 모델 구축

- 기존 상인에게는 간판 교체·환경 개선비 지원
- 청년 창업자에게는 지속적 행정·정책 컨설팅 제공
- '청년 – 기성 상인 – 시민'이 함께 살아나는 구조 정착

다른 도시에서 배운 교훈

- 서울 은평구 '청년 숲 프로젝트': 공공 유휴지를 청년 상점거리로 조성, 사회적 경제와 결합
- 부산 동구 '골목 재생·청년 창업 결합': 주민협의체를 통한 갈등 최소화
- 독일 베를린 '크라우드숍': 공유형 창업 공간 + 공동 마케팅·교육 지원
- 일본 오카야마 사례: 빈 점포 입점 조건에 '지역 커뮤니티 참여'를 의무화, 상점가를 생활의 중심지로 재탄생

"다른 도시의 실패는 우리의 거울이고, 다른 도시의 성공은 우리의 길잡이다."

결론: 도시의 회복은 청년의 시작부터

희망 상생 프로젝트는 단지 전통시장 활성화 정책이 아니다.

닫혀 있던 가게가 다시 열릴 때, 그곳에는 청년의 열정과 지역의 신뢰가 함께한다.

앞으로 이 프로젝트를 다음과 같이 확장하면 어떨까?

- 폐점포 매입형 공공창업센터
- 1인 창업가 패키지
- 청년 주도형 상권 개발 플랫폼

도시가 청년에게 투자할 때, 청년은 도시와 소상공인을 함께 되살릴 수 있을 것이다.

교통

"교통은 단순한 이동이 아니라,

시민의 시간을 지켜내는 약속이다."

기다림의 도시에서 함께 걷는 도시로

"기다림의 도시가 아닌,
함께 걸어가는 도시가 되어야 한다."

2021년 가을, 광주시의장으로 일하던 어느 날 저녁이었다.

그날은 종일 비가 내렸다. 가늘고 잔잔하게 그러나 멈추지 않는 빗줄기가 회색빛 하늘 아래 쏟아졌다.

시청에서 회의를 마치고 잠시 머리를 식힐 겸 주변을 걷던 중, 나는 평소 잘 가지 않던 골목길로 들어섰다.

그 길 끝에는 오래된 버스정류장이 하나 있었다. 금속 지붕 아래 벤치는 이미 색이 바랬고, 바닥에는 빗물과 함께 흘러든 낙엽이 수북이 쌓여 있었다. 정류장 표지판은 바람에 흔들릴 때마다 삐걱거리는 소리를 냈고, 유리 안내판엔 비가 맺혀 노선 정보가 희미하게 번져 보였다.

그 벤치 위에 한 할머니가 앉아 계셨다. 얇은 회색 카디건을 어깨에 두르고, 작은 검정 손가방을 가슴께에 꼭 껴안은 채였다. 그녀는 고개를 약간 숙인 채 앞을 바라보고 있었고, 손끝은 떨리듯 굳게 모아져 있었다. 주름진 손, 굳은 자세, 흐릿한 눈동자……. 그 모습은 어떤 사연을 오롯이 품고 있는 듯 보였다. 정류장 옆에 서 있는 사람들은 대부분 스마트폰만 들여다보았다. 하지만 그 할머니만은 묵묵히 도로를 바라보고 있었다. 그 시선은 마치 시간을 뚫고 무언가를 기다리는 것처럼, 아주 오래된 약속을 지키는 사람처럼 보였다. 그러나 버스는 오지 않았다. 전광판에는 도착 예정 시간이 계속 바뀌었고, 그마저도 '지연'이라는 단어로 채워지고 있었다.

며칠 뒤, 나는 또다시 그 길을 지나며 할머니를 보게 되었다.

그날도 비가 내리고 있었고, 그 벤치도 그대로였고, 그녀도 같은 자리에 있었다. 나는 궁금했다. 저분은 무엇을 그렇게 매일 기다리는 걸까? 알고 보니, 할머니는 매일 경기 광주역에서 궁평리로 오는 3번 버스를 기다리고 있었다.

32번 때로는 720-3번 버스를 탈 수 있지만, 그 노선들은 갈수록 배차 간격이 길어졌고, 저녁이 되면 예고 없이 생략되기도 했다. 그날 말을 건 내게, 그녀는 익숙한 듯 말했다.

"광주역에서 오는 거… 3번 버스, 아직 안 왔네요."

나는 조심스럽게 물었다.

"어디 가시려고요?"

그녀는 고개를 저으며, 조용히 중얼거렸다.

"그냥 기다리는 거예요."

"무엇을요?"

그녀는 먼 도로를 바라보다가, 천천히 대답했다.

"아들."

할머니의 아들은 퇴근하는 길에 항상 그 노선 버스를 탔다고 했다. 오전 일찍 경기도 외곽 공장으로 나갔다가, 저녁이면 경기 광주역을 지나 집으로 돌아온다고 했다.

"예전엔 그래도 6시 반이면 도착했는데, 요즘은… 8시 넘는 날도 많아요. 버스가 늦고, 차가 너무 막혀요."

할머니는 처음엔 집에서 기다렸다고 했다. 그러나 어느 날, 아들이 피곤에 찌든 얼굴로 집에 들어서는 걸 보고는 마음이 놓이지 않았다고 했다. 그래서 하루는 직접 정류장으로 나와 마중을 나갔고, 그게 하루, 이틀…… 그러다 매일의 일이 되었다.

"차라리 여기서 기다리면… 내가 먼저 웃어주면… 그 애가 조금은 덜 힘들겠죠."

나는 아무 말도 할 수 없었다.

그 기다림은 단순한 교통 지연이 아니라, 한 사람이 사랑을 실천하는 방식이었고, 삶을 이어가는 하루의 이유였다. 그녀의 시선 끝에는 단지 아들이 아니라, 그를 기다리는 자신이 있었다.

그날 이후, 나는 매일 그 정류장을 바라보게 되었다. 일을 마치고 퇴근길에 비가 오고 바람이 불고 햇살이 너무 뜨거우면 자연스레 그 할머니가 떠올랐다.

'오늘은 아드님이 무사히 오셨을까?'

'오늘은 32번이 일찍 왔을까?'

'720-3번은 아직 운행하나?'

그저 그런 버스 번호들이 내 일상에 자꾸 맴돌기 시작했다.

그리고 그날 밤, 나는 책상 앞에 앉아 생각했다. 이 기다림을 끝내는 일은 단순한 교통의 문제가 아니다. 이것은 한 도시의 품격을 만드는 일이다.

"경강선 연장이 꼭 필요하다."

그건 단지 노선 하나의 문제가 아니라, 광주의 삶을 지키는 일이었다. 더 이상 누군가의 기다림이 상처가 되지 않도록, 그 사랑이

BUS STOP
궁평리
노곡리

고립되지 않도록 대책을 세워야 한다.

"기다림의 도시, 경기 광주는 더 이상 기다릴 수 없다."

도시의 동맥경화를 해결하는 방법

"경기 광주는 사람은 늘었지만,
길은 늘지 않았다."

경기 광주의 도로 문제는 비단 정류장에 앉아 있는 어느 한 할머니만의 것만이 아니다. 그 기다림은 도시 전체를 관통하는 공통된 정서이며, 광주에 사는 시민들 대부분이 크든 작든 감내하고 있는 일상이다.

출근길, 오전 7시 40분. 오포읍 능평리에서 태전지구로 향하는 도로 위의 차량들은 속도를 내지 못하고 기어가고 있었다. 사람들은 내비게이션을 바라보며 출근 시간을 계산하고 줄여보려 애썼지만, 이미 경안동 방향 국도 3호선은 1km당 평균 12~15분의 체증을 보이고 있었다. 광주 시민이라면 누구나 안다. 출근길 10km는 물리적 거리가 아니라, 체감상 1시간의 여정이라는 것을.

2023년 광주시 교통체계 현황 조사에 따르면, 국도 3호선(태전~경안) 구간의 평균 통행 속도는 시속 11.2km에 불과하다. 광주시 출퇴근 시간대 평균 지체율은 51.3%로 경기도 평균의 2배에 달한다. 2022년 설문 조사에서는 시민 10명 중 7명이 "출퇴근 스트레스가 심각한 생활 장애 수준"이라고 답했다.

광주는 지난 10년간 인구가 급속히 증가했다. 2010년 25만 명이던 인구는 2024년 기준 43만 명을 넘어섰다. 도시 규모가 1.7배 성장했지만, 교통 인프라는 사실상 제자리였다. 특히 태전지구, 고산지구, 역동, 오포읍, 광남동 일대는 대규모 택지 개발이 진행되었지만, 도시계획 도로망은 그 속도를 따라가지 못했다. 가구는 늘어났고, 차량은 더 늘었고, 출퇴근 시간은 길어졌으며, 사람들은 점점 더 일찍 집을 나서고 더 늦게 집으로 돌아왔다.

광역 교통망의 문제도 심각하다. 광주시의 철도 접근 비율은 수도권 최하위(20% 이하) 수준이다. 버스정류장 대기 시간은 출근 시간 평균 18분 이상이고, 버스 승객 수용률은 출근 시간대에

130~160%를 초과한다. 경기 광주는 사실상 '버스 도시'다. 경강선 삼동역, 초월역, 경기 광주역 세 곳의 철도역이 있지만, 인구 대비 수용력이 턱없이 부족하다. 역에서 멀리 떨어진 신도심의 수많은 시민들이 여전히 3번, 17번, 32번, 720-3번 등 버스에 전적으로 의존하고 있다. 그러나 이들 노선은 교통 체증에 그대로 노출되어 있으며, 교통 정체가 심할수록 대중교통은 더 느려지고 시민은 더 지친다.

"오전 6시에 나가도 서울 가는 데 두 시간은 기본이에요. 아이들 등교도 늦춰야 할 판이에요."

"차라리 광주에서 일하고 싶어도 마땅한 일자리가 없고, 서울로 가야 하니 계속 이 고생이에요."

다양한 시민의 이야기 속에는 교통 문제가 단순히 '이동의 불편'이 아니라, 삶의 방식과 경제 구조, 지역 정체성에까지 영향을 미치는 총체적 도시 문제가 되어가고 있다는 현실이 담겨 있다.

경기 광주 교통 실태의 핵심은 세 가지로 요약된다. 첫째, 구조적 병목이다. 국도 3호선과 43호선 중심의 교통 구조로 인해 도시 전체의 교통이 집중된다. 둘째, 과밀이다. 태전·고산지구 등 신규

택지 입주가 급증했으나 도로 인프라가 미비하다. 셋째, 철도 단절이다. 철도 이용률이 전국 최저 수준으로, 광역 접근권의 심각한 불균형을 초래하고 있다.

경기 광주의 미래는 이 거대한 병목을 해결하는 데서 시작되어야 한다.

광주
원주
원주
이전
수도권
균형발

왜 이 도시는 늘 기다려야만 하는가?

기다리는 시민들, 기다리는 사업들, 기다리는 예산과, 기다리는 노선들

기다림은 단순히 길 위에서 지체되는 교통 체증만이 아니다. 아이를 유치원에 데려다주며 지각을 걱정하는 부모의 마음, 서울로 출근하며 매일 정체를 감내하는 직장인의 피로, 도착 시간을 알 수 없는 버스를 향해 내려앉는 무수한 한숨. 나는 그 숨소리 하나하나가, 이 도시가 쌓아온 기다림의 총합이라고 생각한다.

삼동역 앞에서, 태전지구 신호등 앞에서, 오포읍 오르막길을 지나며, "이제는 누군가가 결단해야 할 때다. 이 기다림을 끝내야 한다."고 다짐하곤 한다.

그렇다면 과연 이 문제는 어떻게 시작되고 흘러왔는가?

광주의 심화되는 교통 문제

경강선 연장

삼동에서 멈춰버린 철도는 단순한 선로의 미완이 아니다. 그것은 서울로, 경기 남부로, 미래로 가는 권리의 단절이다. 광주는 수도권이지만, 수도권 지역 중 가장 빠르게 크고 있음에도 가장 늦게 연결된다. 나는 이 현실에 더 이상 설득이 필요하다고 보지 않는다. 강하게 요구하여 끝까지 관철해야 한다.

전철은 단순히 열차가 지나는 공간이 아니라, 사람이 흐르는 동맥의 역할을 하는 곳이다.

따라서 태전지구, 고산지구, 오포읍을 잇는 가칭 세 개의 역을 복합환승센터로 설계할 필요가 있다. 여기에 공영주차장, 청년창업공간, 생활 SOC까지 연결된 거점으로 만들어야 한다.

지하철 8호선을
연장하라

순환도로망

경기 광주의 도로는 이미 한계에 다다랐다. 국도 3호선은 매일 아침저녁, 자동차보다 한숨이 더 많이 흐른다. 우회도로는 도로가 아니라, 막힌 도시의 숨통이다. 시민 한 명의 하루 평균 출퇴근 시간 50분. 이를 30분대로 줄여야 한다.

따라서 오포-고산 간 연결도로를 국도 승격으로, 곤지암~태전 간 순환도로를 국비 공모로 추진할 필요가 있다.

그것이 시민의 하루를 바꾸는 진짜 정책이다.

버스와 신호, 그리고 스마트 교통

버스의 도착 시간이 예측일 뿐이다. 그리고 그 예측은 매일 틀리고 늘어난다. 그 순간, 시민은 정류장에 '서 있다.'

이제 이 관행을 멈추어야 할 때이다. 일단 광역 셔틀로 서울과 강남을 직행으로 연결하는 방법이 있다. 순환 피더버스를 증설해 삼동, 오포, 태전을 더 가깝게 만드는 것이다.

AI 교통신호를 주요 교차로에 시범 적용하고, 실시간 버스 위치 통합 앱을 정식 서비스하는 것은 어떨까?

희생의 도시에서, 도착의 도시로

광주는 오랫동안 희생해 왔다. 수도권 주민의 물을 지키기 위해 상수원 보호구역을 감내했고, 대규모 공장도, 번화한 상권도 없이 성장해 왔다. 이제 그 희생은 보상으로 돌아와야 한다. 그 보상은 금전적 보상이 아니라, 철도와 도로, 시민의 시간으로 돌아와야 한다.

광주는 더 이상 기다리는 도시가 아니라, 도착하는 도시가 되어야 한다.

사라져 가는 숲과 물

환경

"자연을 잃는 순간, 도시도 길을 잃는다."

기억 속의 경기 광주,
물길이 살아 숨 쉬던 도시

"자연을 지키는 일은
선택이 아니라 책임이다."

경기도 광주는 오랜 세월 숲과 물이 어우러진 생명의 도시였다. 비교적 늦게 도시화의 물결에 닿은 덕에, 이곳은 오래도록 자연의 결을 품고 있었다. 작은 도심을 벗어나면 곧바로 야산과 개울, 들판이 펼쳐졌고, 그것은 곧 아이들의 놀이터이자 지역 주민들의 쉼터가 되어주었다.

곤지암천과 탄벌천은 광주의 대표적인 물줄기로, 규모는 크지 않았지만 사람들의 일상에 늘 가까이 있었다. 여름이면 아이들은 곤지암천에서 다슬기를 잡고 개구리를 쫓느라 해 지는 줄도 몰랐다. 초월읍 들녘은 계절마다 각각의 색으로 물들었고, 밤이면 이름

모를 풀벌레 소리가 끊이지 않았다. 나 역시 태전동 야산에 올라 도시의 전경을 바라보던 기억이 지금도 선명하다.

그 시절의 광주는 '살기 좋은 도시'라는 말이 과장이 아니었다. 산과 들, 물이 흐르는 자리마다 사람이 모였고, 사람은 그 곁에서 자연을 가꾸었다. 아이들의 웃음소리가 울려 퍼지던 공간 곁에 어르신들의 쉼터가 있었고, 오솔길로 이어진 산책로는 누구에게나 마음의 안식처였다. 공장 굴뚝도, 고층 빌딩도 드물던 그 시절, 광주는 자연의 호흡을 따라 살아가는 도시였다.

사라져 가는 물길, 멈춘 생명

그러나 지금 광주의 풍경은 그때와 다르다. 개발이라는 이름 아래 콘크리트 건축물이 확장되었고, 물길은 직선으로 교정되면서 빛을 잃었다. 곤지암천의 일부는 복개로 하늘과 단절되었고, 탄벌천 역시 콘크리트 제방에 갇혀 있다. 흐르지 못하는 물은 정체되고, 정체된 물은 생명을 거부한다. 악취가 나는 물가에는 더 이상 아이들의 발소리도, 풀벌레의 울음소리도 들려오지 않는다.

초월읍과 송정동 일대를 둘러보면 과거의 물길은 흔적만 남아 있다. 산책로는 공사장 펜스로 가로막혔고, 야산이던 자리에는 아파트가 빽빽이 들어섰다. 도시 발전이라는 명분 아래 너무 많은 자연이, 너무 빠른 속도로 사라지고 있다.

이는 숫자로도 확연히 드러난다. 최근 10년간 광주시의 도시 녹지율은 13%나 감소했고, 이는 단순히 나무 몇 그루가 사라졌다는 차원이 아니다. 녹지는 도시의 온도를 낮추고, 미세먼지를 걸러내며, 시민의 정서를 지탱하는 가장 기본적인 자원이다. 그런 녹지의 감소는 곧 시민의 삶의 질을 저하시키고 기후 위기 대응력 또한 급격히 떨어뜨린다.

30년째 오포읍에 거주하는 박모 씨는 이렇게 회상했다.

"이젠 여름에도 풀벌레 소리를 듣기 어렵고, 개울에서 아이들이 노는 모습도 사라졌어요."

그의 말은 단순한 감상이 아니다. 자연과 함께 살아온 지역 주민의, 감수성이 꺼져가는 현실에 대한 경고였다. 아이들이 자연을 모른 채 자라는 시대, 계곡 대신 에어컨에 의존해야 하는 여름, 나무 그늘 하나 찾기 힘들어 숨 돌릴 공간조차 부족한 도시가 과연 '사람에게 좋은 도시'일 수 있을까?

잃어버린 것들에 대한 질문

광주가 도시로 성장하는 과정은 불가피한 흐름이었다. 주거지 확장, 인구 유입, 교통망 확충은 도시가 겪을 수밖에 없는 길이었다. 그러나 우리는 그 속에서 무엇을 잃고 있는지 묻지 않았다. 잃어버린 것들에 대한 책임은 누구의 것인가.

자연은 한 번 사라지면 되돌리기 어렵다. 그러나 완전히 불가능한 일도 아니다. 세계의 여러 도시는 이미 물길 복원, 하천 재자연화 사업을 통해 도시와 자연의 조화를 되찾아가고 있다. 중요한 것은 '무엇을 우선 순위로 둘 것인가'이다. 개발의 잣대가 경제성에만 맞춰져서는 안 된다. 도시가 궁극적으로 지켜야 할 가치는 시민의 삶과 그 질이다.

물길 복원의 가능성, 지속 가능한 도시를 향하여

물길 복원은 단순히 환경 미화 사업이 아니다. 그것은 도시를 다시 설계하고 시민의 정체성을 되살리는 종합적 회복 전략이다. 하천은 도시의 혈관과 같다. 흐르는 물은 도시의 숨결이고 그 물길 위에서 사람과 자연은 함께 살아간다.

광주의 다음 10년은 선택의 시간이다. 지금 이 순간부터 사라져가는 물길을 지켜내려는 의지, 멈춘 생명을 되살리려는 정책적 전환, 그리고 시민의 감수성을 존중하는 도시 철학이 필요하다. 물길을 되찾는 일은 환경을 지키는 차원을 넘어, 우리가 어떤 방식으로 살아가고 싶은지를 되묻는 근본적 물음이다.

자연과 사람이 함께 흐르는 도시, 그것이 경기 광주의 다음 얼굴이어야 한다.

도시의 진짜 편리함은 가까운 숲과의 거리에서 시작된다

경기 광주를 위한 생태도시의 비전

나는 묻고 싶다. 편리한 도로, 고층 건물, 대형 상업 시설, 빠른 교통망…… 이것이 도시의 전부일까?

편리함이 도시의 필요조건일 수 있다. 그러나 그것만으로 충분하지 않다. 진정한 도시는 사람과 자연이 공존하는 곳이어야 한다. 자연이 도시 바깥의 휴양지가 아니라, 도심 속 일상의 일부여야 한다. 아이들이 뛰노는 숲, 청년이 고요한 저녁을 마주하는 개울가, 어르신이 바람을 쐬는 오솔길. 이것이 도시가 제공해야 할 품격이며 시민이 누려야 할 최소한의 권리다.

지금의 광주는 어떠한가. 아파트 창밖으로는 크레인과 공사장이 보이고, 하천은 콘크리트에 갇혀 흐름을 잃었다. 길 위의 나무는 뿌리 내릴 틈 없이 심어졌다가 옮겨지는 장식품 같다. 시민들은 주말마다 멀리 차를 타고 나가야만 '진짜 자연'을 만날 수 있다. 숲과 물이 있던 일상이 이제는 사치가 되어버렸다.

도시의 비전, 숲에서 다시 시작하다

우리는 지금 도시의 정의를 다시 써야 할 시점에 서 있다.

숲이 사라진 도시, 흙을 밟지 못하는 아이들, 콘크리트 반사열로 벌겋게 익어버리는 사람들. 이것은 진화가 아니라 퇴행이다. 편리함은 늘었지만, 도시는 점점 더 숨 쉬기 어려워지고 있다.

광주의 다음 10년은 숲에서 시작해야 한다. 숲은 개발의 반대말이 아니다. 숲은 도시를 지속 가능하게 만드는 동반자이자, 미래 세대에게 물려줄 가장 확실한 유산이다.

나는 상상한다. 삼동의 한 초등학생이 걸어서 5분 거리의 숲에서 체험학습을 하고, 곤지암읍의 어르신이 매일 걷는 숲길에서 여름 더위를 피하며, 퇴촌면의 청년 농부가 아이들과 함께 숲속 텃밭에서 생태 수업을 여는 도시.

그 숲은 우연히 생기는 것이 아니다. 행정과 시민이 함께 설계하고 의지를 가지고 덤벼들어야 가능한 일이다. 단순히 숲의 양을 늘리는 것이 아니라 숲과 시민이 얼마나 가까운 것인가가 도시의 품격을 결정한다.

보존을 넘어, 회복의 길로

이제 단순히 보존을 말하기엔 그동안 자연이 입은 손실이 너무 크다. 보존을 넘어 회복으로 나아가야 한다.

태전동의 야산이 사라지고, 초월읍의 숲길이 공사 차량에 의해 끊기는 모습을 우리는 이미 수없이 보았다. 콘크리트 숲은 며칠 만에 세울 수 있지만 자연의 숲은 수십 년이 걸려야 돌아온다.

광주는 '중장기 생태복원 로드맵'을 가져야 한다. 단절된 산림축을 복원하고, 도심 곳곳에 작은 숲을 조성해야 한다. 30평 남짓한 자투리땅도 숲이 될 수 있다. 복원은 행정의 지침이 아니라, 시민과 함께 정해야 할 합의다.

세계의 길, 광주의 길

스페인의 빌바오는 '강철 도시'에서 '녹색 도시'로 바뀌며 경제와 생태를 함께 살렸고, 일본의 도요카시는 사라진 황새를 되돌리며 도시 브랜드로 성장시켰다.

서울은 백사실계곡을 복원해 도심 속 생태 체험 명소로 만들었고, 도시공원 일몰제 속에서도 작은 숲 180곳을 만들어냈다.

숲은 복원될 수 있으며, 그것이 곧 도시를 다시 살리는 길이라는 것을 이 사례들이 증명한다.

다음 세대를 위한 책임

나는 광주에서 살고 있다. 그리고 이곳에서 내 아이들이 자랐고, 손주들도 언젠가는 이 도시에서 살게 될 것이다. 그래서 묻는다. 우리는 후손에게 어떤 도시를 물려줄 것인가.

만약 지금 숲을 지키지 않는다면, 아이들은 나무 냄새도, 흙냄새도 기억하지 못할 것이다. "아빠, 여기에 원래 숲이 있었어?"라는 물음에, 우리는 침묵할지도 모른다.

숲을 지키는 일은 정치적 선택이 아니라, 어른의 도리이고 사람의 양심이다. 국립산림과학원의 연구에 따르면, 도시 내 1인당 녹지 면적이 1㎡ 늘어날 때 아동의 ADHD 발병률은 13% 줄고, 노인의 우울지수는 16% 감소한다. 이 수치는 단순한 통계가 아니라, 숲이 얼마나 생명체에게 활기를 주고 정서에 도움을 줄 수 있는지 보여준다.

숲이 살아 숨 쉬는 도시, 경기 광주

나의 소망은 단순하다. 내가 사랑하는 광주가 사람 중심, 생명 중심의 도시가 되는 것.

개발이 멈춰지지는 않을 것이다. 그러나 숲과 상생하는 방식으로 바뀌어야 한다. 기술이 있고 행정이 있고 시민의 의지가 있다면, 광주는 다시 살아날 수 있다.

나는 강이 흐르고 나무 그늘 아래 사람들이 걷고 아이들이 뛰노는 도시를 꿈꾼다. 그리고 그 도시의 이름이 '경기 광주'이기를 바란다.

5

임일혁의 단상,
나의 사랑하는 경기 광주

"나의 사랑하는 도시,
내가 태어났고, 성장하고, 늙어가고,
후손들이 살아갈 터전은 광주이다."

"도시는 모두를 위한 무언가를 제공할 수 있다.

다만 모두가 함께 만들 때만 가능하다."

-제인 제이콥-

공원 길의 그늘, 도서관의 긴 의자, 야간 버스의 한 칸 불빛은 내일을 준비하는 청년과 어제를 기억하는 노인의 공동 재산이다. 우리가 함께 설계한 도시에서 일자리는 돌봄과 이어지고, 교통은 시간을 돌려주며, 주거는 세대의 대화를 끊지 않는다. 이곳은 누군가의 첫 출근과 누군가의 마지막 산책이 자연스레 만나는 곳이다. 도시는 우리 모두가 함께 만들 때, 비로소 모두의 도시가 된다.

청년

"남은 청년은 숫자가 아니다.

도시가 붙잡아야 할 희망이다."

빈방이 늘어나는 도시

"빈방은 임대의 문제가 아니다.
도시 생명력의 문제다."

2024년 가을비 내리던 날, 나는 태전동의 한 다세대 건물 앞에 섰다. 건물의 모습은 평범했지만, 창마다 어둠이 내려앉아 있었다. 불 꺼진 방들, 바람에 흔들리는 '공실 문의' 종이, 광고지로 가득 찬 우편함. 그 건물은 이미 살아 있는 집이 아니라, 죽은 껍데기에 가까웠다. 건물주 김 씨는 열쇠 꾸러미를 들고 나를 맞았다.

"예전에는 방이 없어서 줄까지 섰죠. 그런데 요즘은 전화도 드물어요."

그의 열쇠에는 여전히 전 세입자의 이름표가 달려 있었지만, 그 방을 여는 손은 더 이상 없다.

"반은 비었어요. 들어왔다가도 몇 달 못 버티고 나가요. 서울이나 성남으로요."

그의 목소리는 비어 있는 복도처럼 쓸쓸했다.

광주의 빈방 문제는 단순히 건물의 문제가 아니다. 2010년 25만 명이던 인구는 2024년 43만 명을 넘었지만, 정작 청년의 숫자는 빠르게 줄고 있다. 불과 4년 만에 20대 인구는 13.4%가 줄었고, 지역 고등학교 졸업생 열 명 중 여섯은 3년 내에 광주를 떠났다. 남겨진 것은 빈방과 쓸쓸히 잠긴 공동현관문, 낮아진 골목의 온기였다.

교사들은 말한다.

"졸업만 하면 다 나가요. 돌아오는 아이들이 거의 없죠."

청년들은 말한다.

"내가 하고 싶은 일, 만나고 싶은 사람, 배우고 싶은 것들이 이 도시에 없어요."

광주는 서울에 인접한 도시 중 하나지만, 청년에게는 여전히 '떠나야 할 도시'일 뿐이다.

그들에게 왜 떠나냐고 묻기엔 광주의 민낯이 초라하다. 종합대

학 하나 없고 길은 늘 정체되고 문화 공간은 빈약하다.

머물 만한 일자리도 네트워크도 꿈을 실험할 무대도 없다. 결국 청년에게 광주는 스쳐 지나가는 '경유지'일 뿐이다. 나는 태전동의 공실 복도를 걸으며 생각했다. 청년이 떠난 자리마다 불 꺼진 창이 생기고, 불 꺼진 창이 늘어날수록 도시의 심장 박동은 약해진다. 빈방은 단순히 주거 공간의 문제가 아니라, 도시의 생명력이 빠져나가고 미래를 잃고 있다는 증거다.

도시는 청년이 있어야 숨을 쉰다. 방 하나가 채워질 때, 그 안에서는 단순한 세입자가 아니라 미래로 향하는 연결고리가 태어난다. 꿈꾸는 사람, 도전하는 사람, 관계를 만드는 사람들이 들어올 때, 도시는 다시 젊어진다. 빈방을 채우는 일은 임대의 문제가 아니라, 도시의 미래를 세우는 일이다. 지금 광주는 '빈방의 도시'라는 이름으로 불리고 있다. 그러나 나는 믿는다. 이 빈방은 절망의 흔적이 아니라, 다시 시작할 수 있는 여백이다. 불 꺼진 창문마다 불빛이 돌아오는 날, 광주는 다시 청년의 도시가 될 수 있다.

그날을 위해, 우리는 청년이 머물 이유를 만들어야 한다.

빈방이 늘어나는 도시는 곧 사라지는 도시다. 그러나 빈방을 채우는 도시는, 미래를 얻는 도시다.

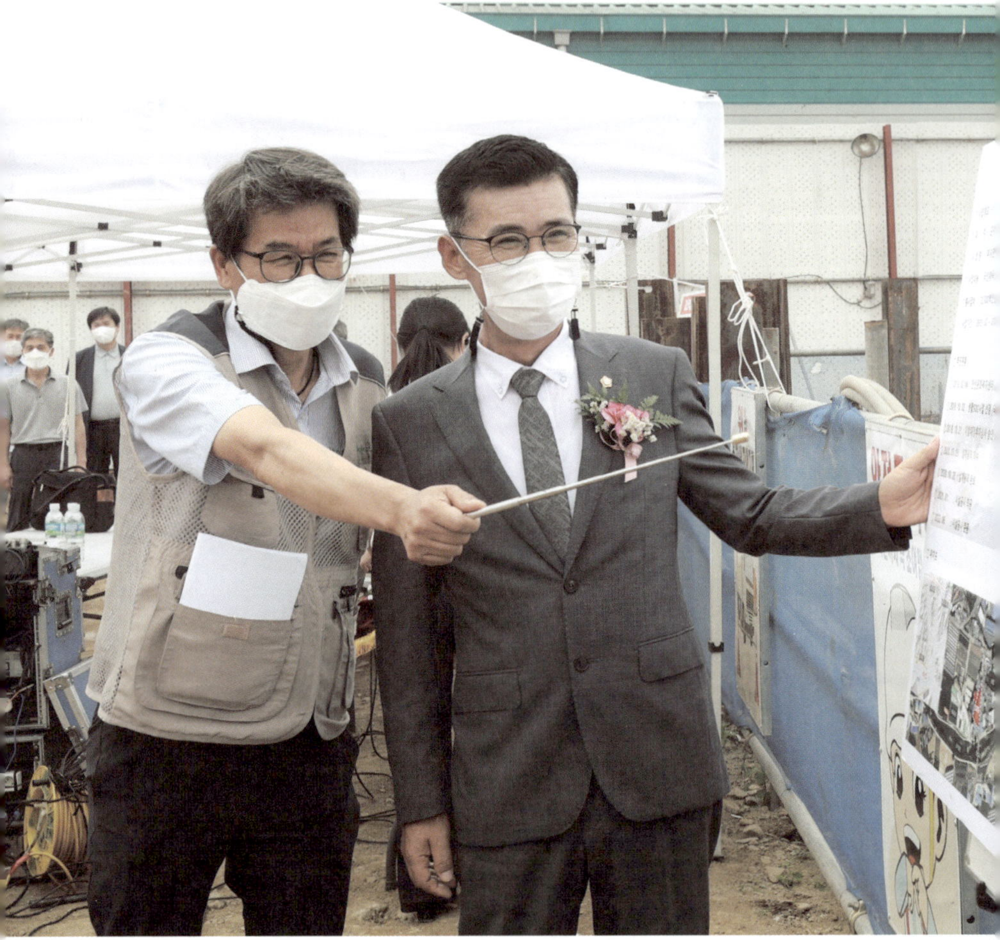

2021.04

만선 문화복지센터 착공
일시 : 2021년 6월 30일 11:00 장소 : 곤지암읍 만선리
만선 문화복지센터 착공식

퇴촌 청소년문화센터 착공식
장소 : 퇴촌면 광동리 129-3(사업부지 내)

돌아오지 않는 청춘, 교육과 진로 단절의 고리

"청년이 머물러야 도시가 살아남는다."

떠나는 청춘들과 미래가 단절되는 도시

광주에는 종합대학이 없다. 이는 학교 하나의 부재를 넘어, 청년이 그리는 삶의 경로를 근본적으로 흔드는 힘으로 작동한다. 지역의 고등학교를 졸업한 순간, 청년들의 첫 선택지는 언제나 광주의 바깥이다. 서울, 성남, 수원, 용인……. 가까이 있지만 출퇴근을 하기엔 멀고, 광주를 떠나야 닿을 수 있는 곳들. 그 길을 택하는 순간, 청년은 광주와 결별한다. 진학은 곧 이탈이고, 졸업은 곧 타지에서의 정착이다.

나는 시의장 시절, 이 문제를 일찍이 구조적 위기로 인식했다. 청년이 떠나는 것은 단순히 인구 감소의 문제가 아니며, 도시의 미래 자산이 빠져나가는 회복 불가능한 손실이다.

이는 숫자가 말해준다. 광주의 만 18세에서 24세 사이 청년 중, 지역 내 대학에 다니는 이는 고작 15%에 불과하다. 진학 대신 조기 취업을 선택한다 해도 광주에는 번듯한 일자리가 없다. 미래를 생각하는 청년들은 타지로 흩어진다. 청년의 선택 속에는 광주에서의 경로, 광주에서의 성장이 없다.

나는 늘 이렇게 말하곤 했다.

"청년에게 남으라고 말하려면, 남을 이유부터 만들어야 한다."

그러나 지금의 광주는 그 이유를 만들지 못한다. 진로를 설계할 구조가 없고, 삶을 실험할 무대가 없고, 실패를 복구할 안전망이 없다. 광주는 청년에게 잠시 머무는 곳일 뿐, 결코 정착할 수 있는 도시가 아니다. 나는 수많은 청년을 만났다. 대학 때문에 떠났다가 다시 돌아온 이는 극히 드물었다. 오히려 "돌아와도 머물 이유가 없다."는 말을 더 자주 들었다.

교통, 문화, 커뮤니티, 주거 모두가 청년에게 등을 돌린 도시. 종합대학 하나 없는 구조 속에서, 광주는 청춘에게 '출발점'은 될 수 있어도 '목적지'는 되지 못했다.

청년이 지역에 남는다는 것은 단순히 '학교가 있다'는 것을 의미하지 않는다. 교육·직업·문화·주거가 유기적으로 연결된 생태계, 실패를 감당할 수 있는 사회적 안전망이 함께 있어야 한다.

청년이 떠나는 도시의 운명은 정해져 있다. 빈방은 늘어나고 골목은 조용해지고 공동체의 맥박은 점점 약해진다. 청년 유출은 곧 도시의 자립성 상실이다. 이는 광주만의 문제도 아니다. 한국 지방 전체의 구조적 경고다. 청년이 정착해야 지방도 존속할 수 있다.

따라서 지금, 우리는 행동해야 한다. 청년이 머물 이유를 만들고, 머물 수 있는 구조를 구축해야 한다. 청년이 머물고, 청년이 돌아온다면 그 순간 광주는 다시 젊어지고, 다시 살아날 것이다.

남은 청년의 초상, 버텨야만 하는 삶

청년이 떠난 도시에는 침묵이 남는다. 그러나 그 침묵 속에도 여전히 버티는 이들이 있다. 누군가는 떠나지 못했고 누군가는 남기로 했다. 그들은 도시의 낮은 곳에서 조용히, 그러나 치열하게 삶을 이어가고 있다. 통계에 잡히지 않는 고립, 제도의 틀 밖에 선 생존, 말 없는 저항. 그것이 지금 경기 광주에 남은 청년들의 초상이다.

나는 이들을 "도시의 숨은 미래"라고 부른다. 모두가 떠날 때 남는다는 것은 그것만으로도 선택이자 결단이다. 그러나 그 선택의 이면에는 불안정한 일자리, 외로운 주거, 진 빠지는 출퇴근길이 자리하고 있다. 남는다는 것이 곧 안정이나 희망을 뜻하지 않는다. 그것이 청년 현실의 무게다.

광주시 청년 1인 가구는 빠르게 늘고 있지만, 그것이 자율적 독립의 결과라고 보기는 어렵다. 좁은 원룸과 불안정한 계약, 언제 끊길지 모르는 단기 일자리 속에서 그들은 홀로 살아간다. '머무는 것'과 '떠나지 못하는 것'은 전혀 다르다. 지금의 광주는 후자에 가까운 청년들을 양산하고 있다.

교통은 이들의 버팀을 더욱 힘겹게 한다. 서울로 출근하는 청년의 하루는 이동으로 시작해 이동으로 끝난다. 경강선을 타고 수서역에서 환승을 거듭해 겨우 도착하는 직장. 돌아올 때는 이미 체력과 시간 모두가 소진되어 있다. 그 과정에서 청년은 미래를 위한 에너지를 잃고, 다만 소진되어 갈 뿐이다.

걱정마, 잘하고 있어
청소년의 눈부신 내일을
응원합니다.

경기도청소년수련시설협회
GYEONGGI-DO ASSOCIATION OF YOUTH CENTER
너의 꿈을 응원해
Voice
REAL YOUTH VOICE
REAL YOUTH VOICE

문화와 여가 역시 그들을 붙잡아 주지 못한다. 청년을 위한 공연장, 도서관, 커뮤니티 공간은 외곽에 흩어져 있거나 운영 시간이 제한적이다. 심야의 광주는 청년에게 '머물 수는 있지만 살아갈 수는 없는 도시'로 남는다. 결국 청년은 각자의 방 안에서 관계마저 끊긴 채 그저 하루를 버틸 뿐이다.

청년을 존중하는 도시는 그들을 '지원 대상'으로만 보지 않는다. 그들의 삶의 방식 자체를 하나의 가치로 인정하고, 그 위에서 정책과 제도를 설계해야 한다.

"머무는 이들이 존중받지 못하는 도시에서, 누가 다시 돌아오겠습니까?"

떠난 청년은 기회를 찾아 광주를 벗어났지만, 남은 청년이라고 해서 이유 없이 머무는 것이 아니다. 버티는 이들은 도시의 마지막 불씨이자 가능성이다. 이들이 살아남지 못한다면, 도시 역시 살아남을 수 없다.

어떻게 해야 청년이 광주에 남을 수 있을 것인가?

그래서 나는 방향을 제시했다. 지역 내 대학과 산업을 연결해 맞춤형 교육을 확대해야 한다. 디지털 기술, 헬스 케어, 문화예술, 반려 산업 같은 지역 기반의 신직종을 개척하고, 청년이 등록금과 실습, 취업까지 이어지는 선순환 구조를 누릴 수 있어야 한다.

고등학교 단계에서부터 '진로 내비게이션'을 구축해 다양한 직업과 산업군을 안내하고, 멘토링과 현장 체험으로 진로 설계를 구체화해야 한다. 더 나아가 청년 커뮤니티 공간과 프로젝트 거점을 마련해, 협업하고 실패해도 다시 도전할 수 있는 문화를 만들어야 한다.

교육은 단지 학문을 가르치는 일이 아니다. 그것은 도시와 삶,

공동체를 이어주는 징검다리다. 청년이 그 징검다리를 건널 수 있어야만, 그 도시가 살아남는다.

나는 오래전부터 '머무는 청년'에 대한 새로운 접근이 필요하다고 주장해 왔다. 지금까지의 정책이 '떠나는 청년을 붙잡기 위한 시도'였다면, 이제는 '남아 있는 청년의 삶을 지지하고 존중하는 구조'를 마련해야 한다.

내가 제시하는 방향은 네 가지다.

1. 청년 생존형 복지정책 전환

- 주거, 교통, 의료, 식생활 등 기본 생활 조건에 대한 체계적 지원 확대
- 비정규·단기 근로 청년을 위한 유연한 복지 체계 구축

2. 도심 속 청년 생활권 재구성

- 접근성 높은 청년 커뮤니티 공간을 확충하고 야간 운영 기반 마련
- 문화·예술·창업·자조 모임이 가능한 다기능 복합거점 설계

3. 지역 기반 생활형 일자리 창출

- 공공기관, 민간기업, 사회적 경제 영역에서 청년 참여형 일자리 확대
- 단기성과가 아닌 지속 가능한 소득과 성장 경로 보장

4. 청년 1인 가구 정책 독립

- 청년 1인 가구를 독립된 정책군으로 설정
- 임대료, 공공요금, 생활비 조정 지원과 지역 기반 안전망 강화

고령 사회의 현실

복지

"복지는 제도가 아니다.

이름을 불러주는 목소리다."

살아 있음과
살아간다는 것 사이

"경기 광주는 고립이 아닌
연결의 도시가 되어야 한다."

광주시 초월읍, 어느 어르신의 하루

경기 광주시 초월읍, 아침 햇살이 살짝 고개를 내밀 무렵의 마을은 아직 깊은 잠을 자는 시간이다. 바람도, 발소리도, 사람들의 숨소리조차 조심스럽다. 그 적막 속에서 박 어르신의 하루는 느릿하게 열린다.

어르신이 매일 아침 여는 냉장고 속에는 그의 삶이 고스란히 담겨 있다. 김치 한 통, 삶은 달걀 두 알, 남은 반찬 몇 가지. 넉넉하기는커녕 초라하기까지 한 밥상이지만, 어르신에게는 하루를 시작하게 하는 연료이다. 도시락이 오는 날엔 사정이 좀 좋지만, 오지 않는 날에는 반찬 하나도 아껴서 끼니를 이어야 한다.

아들 셋은 모두 서울에서 각자의 삶을 살고 있다. 자식들이 함께 살자며 권유했지만, 어르신은 고향에 남았다. 정 붙인 이웃, 발에 익은 길, 수십 년의 세월이 배어든 집이 있었기에 낯선 도시보다 이곳을 선택했다. 그러나 익숙함은 곧 고요한 외로움으로 다가왔다.

혈압약은 잊지 않고 챙겼지만, 식사는 가끔 건너뛰었다. 허기보다 마음이 더 허한 날엔 밥숟가락조차 들기 어렵기 때문이다.

"그저 숨 쉬고 있다고 다 사는 건 아니잖소."

그 말 한마디가 오래 남았다.

살아는 있었지만, 삶이라 부르기 어려운 나날. 그것은 곧 지금 수많은 어르신들의 모습이기도 하다.

거실에는 소리 없는 텔레비전이 켜있고, 문 앞에는 해진 슬리퍼 한 켤레. 화분의 흙은 메말라 있고, 집안은 늘 조용하다. 이웃이 있지만 말이 오가지 않고, 돌봄이 있지만 닿지 않는다. 초월읍의 아침은 그렇게 숨만 쉬며 흘러간다.

나는 어르신의 목소리를 곱씹으며 스스로에게 묻곤 했다.

‘사는 것’과 ‘살아간다는 것’, 그 사이에는 무엇이 있을까?

그리고 ‘오래 산다’는 것이 정말 축복일까?

어르신의 삶은 분명한 답을 주었다. 살아간다는 건, 누군가와 함께 나누는 일이다. 밥 한 끼를 함께하고, 안부를 묻고, 소소한 걱정을 나눌 수 있을 때 비로소 우리는 살아간다고 말할 수 있을 것이다.

광주라는 이 도시가 그런 삶을 품을 수 있다면, 오래 사는 것은 진정한 축복이 될 것이다.

빠르게 늙어가는 도시

"돌봄을 설계하는 것은 예산이지만,
돌봄을 완성하는 것은 마음이다."

고요하지만 빠르게 늙어가는 도시, 경기 광주

경기 광주는 지금 조용히, 그러나 빠르게 늙어가고 있다. 낯선 변화는 아니다. 다만, 우리가 너무 조용히 지나쳤을 뿐이다.

통계청 자료에 따르면, 광주시의 65세 이상 노인 비율은 전체 인구의 16.2%에 달한다. 불과 몇 해 전, 2019년과 비교하면 40% 가까이 늘어난 수치다. 전국 평균보다는 낮지만, 경기도 전체보다는 높은 수치다. 그러나 더 주목해야 할 것은 '비율'보다 '속도'다. 고령화는 천천히 다가오는 미래가 아니라, 이미 눈앞에 닥친 현실이다.

외곽 지역은 더 심각하다. 남종면, 도척면, 남한산성면 등지에는 아이 100명당 노인이 400명에 달한다는 보고도 있다. 아이들의 웃음소리는 사라지고, 노인의 숨결만 남은 마을. 변화는 숫자보다 풍경에서 먼저 드러나고 있다.

노후, 그 단어의 무게

그러나 고령화보다 더 무거운 것은 그 속에 숨어 있는 '생활의 위기'이다. 광주시 노인 가구의 70%가 월 300만 원 이하의 소득으로 살아가고, 이 중 절반 가까이는 소득이 100만 원 이하이다. 전체 노인의 3분의 1 이상이 연금보다 노동에 의존해 생계를 꾸려가고 있다. '노동'은 이들에게 여가의 반대말이나 소일거리가 아니라 생계가 걸린 문제였다.

초월읍에 사는 한 어르신은 이렇게 말했다.

"이젠 몸도 안 따르는데, 그래도 멈출 수가 없어요."

이들에게 퇴직 이후의 여유나 안정은 먼 나라 이야기다. 그들의 노후는 가난과 외로움, 그리고 그 사이에 깃든 침묵뿐이다.

멀고도 닿지 않는 복지

광주시의 1인 노인 가구 비율은 약 30%에 달한다. 동시에 이들은 건강, 이동, 소득, 심리 문제에 노출돼 있었다. 그러나 그들을 감싸줄 복지망은 터무니없이 얇다.

공공 노인 요양 시설은 '나눔의집' 단 한 곳뿐이다. 복지 주택은 고작 50세대, 전체 노인 인구 약 4만 명 중 혜택을 누릴 수 있는 이는 단 0.1%뿐이다. 읍·면·동 중 복지거점이 실질적으로 운영되는 곳은 손에 꼽을 정도이고, 외곽에 사는 노인들은 복지시설까지 차량으로 20~30분 이상 이동해야 한다. 그러나 대중교통은 부족하고, 교통약자를 위한 차량 지원도 지역마다 차이가 크다.

기술의 이름 아래, 정서의 부재

광주시는 1인 노인 가구를 위해 AI 돌봄 로봇과 스마트폰 교육, 안심 알림 서비스 등 디지털 복지 시범 사업을 도입했다. 그러나 실효성은 의문이다.

'안심 돌봄 서비스'의 수혜자는 전체 노인의 5%도 되지 않았고, AI 로봇이 배정된 노인은 300명 남짓에 불과했다. 스마트기기 교육은 일부 복지관에 한정돼, 읍·면에 거주하는 노인은 접근조차 어려웠다.

곤지암읍의 한 어르신은 이렇게 말했다.

"말 걸어주는 기계도 좋지만, 사람이 손 한번 잡아주는 게 훨씬 낫지요."

그 말은 복지의 본질을 잊지 말라는 일깨움이었다.

복지의 빈틈을 메우는 일

홀로 죽음을 맞이하는 고독사는 더 이상 뉴스 속 이야기가 아니다. 이미 우리 곁에 도사린 현실이다.

2023년 기준 경기도의 고독사 사망자 수는 922명으로 전국 최다를 기록했다. 광주에도 공식 통계에 잡히지 않은 수많은 위험 가구가 존재한다.

이제는 복지를 다시 그려야 한다. 읍·면 단위에 실질적인 복지거점을 마련하고, 정기적 방문과 사례 관리 중심의 재가 복지를 확대해야 한다. 무엇보다도, 사람과 사람이 연결되는 돌봄의 공동체를 다시 세워야 한다. 기계보다 따뜻한 손, 제도보다 가까운 사람이 필요하다.

그리고 노후가 '죄'가 아닌, 존중받는 시간으로 여겨지도록 우리 모두의 인식 또한 바뀌야 한다.

경기 광주는 지금 조용히, 그러나 확실하게 변하고 있다. 그 속도만큼 복지의 손길도 더 넓고 깊어져야 한다. 그렇지 않다면, 우리는 또 한 명의 어르신을 이름도 숫자도 남기지 못한 채 떠나보내게 될 것이다.

도시는
혼자 늙지 않는다

사람이 사람을 지키는 경기 광주

도시는 혼자 늙지 않는다. 사람과 사람 사이의 온도가 식을 때, 삶의 온기 또한 함께 사라진다. 고령화는 숫자가 아니라 분위기다. 대화의 속도가 느려지고, 시장 골목의 활기가 줄어들고, 기다림이 긴 하루가 도시의 일상이 될 때, 그곳은 이미 '늙은 도시'다.

2025년의 광주가 그러하다. 빠르게 성장해 온 도시이지만, 이제는 모든 순위를 뒤에서 찾는 게 더 빠른 시점에 도달했다. 모두가 무언가 잘못되었다는 것을 알고 있지만, 정작 묻지 않는다. 그러므로 내가 묻는다.

"이제 우리는 무엇을 해야 하는가?"

복지는 더 이상 선언이나 통계의 숫자로 설명될 수 없다

광주의 현실은 단순히 노인의 수가 늘어난 문제가 아니다. 사람이 떠나고, 복지가 닿지 않으며, 관계는 끊어지고 있다. 그 모든 것이 겹쳐진 채, 도시의 가장자리에는 '복지의 사각'이 아니라 '복지의 공백'이 단단하게 자리 잡아가고 있다.

도시가 바뀌려면, 가장 먼저 공간이 바뀌어야 한다. 도움을 요청하고자 하던 어르신들이 발걸음을 멈추는 이유는, 그 길이 멀고 절차가 복잡하고 무엇보다 낯설기 때문이다.

'복지'라는 단어는 여전히 행정의 언어에 머물러 있고, 현실에서는 너무 멀리 떨어져 있다.

광주의 읍·면 단위마다 진짜 의미의 복지거점이 필요하다. 이동수단이 없는 노인에게 3킬로미터는 마치 짐을 짊어지고 강을 건너는 일처럼 느껴진다. 대중교통 체제가 미흡한 광주에서는 더욱 그러하다. 가까운 곳에, 그들이 필요로 하는 곳에 공간이 필요하다.

하지만 공간이 갖춰졌다고 해서 복지가 완성되는 것은 아니다.

그 안에서 관계가 다시 시작되어야 한다. 단순한 민원 창구가 아닌, 정기적인 진료와 따뜻한 식사, 상담과 돌봄이 이루어지는 사람의 공간 말이다. 복지는 그림자처럼 존재해서는 안 된다. 그림자에서 실체로, 추상에서 일상으로 옮겨와야 한다.

우리는 너무 오래 사람을 숫자로만 바라봤다

"1인 가구 30%", "노인 가구 120세대"

그러나 통계 안에는 삶이 없다. 누가 오늘 아팠는지, 누가 이틀째 연락이 없는지, 누가 그냥 견디고만 있는지는 행정 서류가 아니라 관계를 가진 사람만이 알 수 있다. 복지는 결국 사람의 얼굴을 기억하는 일이다. 누군가가 누군가의 이름을 기억해 주는 일, 그 일상이 복지의 중심이 되어야 한다. 그 단순한 진실을 우리는 더 늦기 전에 다시 배워야 한다.

변화는 거대한 계획에서 시작되지 않는다

짧은 인사, 안부 전화, 이웃의 눈길 같은 작은 실천에서 시작된다. 우리는 늘 '도시 전체'를 바꾸려 했지만, 진짜 변화는 동네에서부터 일어난다. 버스를 타기 어려운 노인을 위해 마을버스가 먼저 다가가고, 하루 한 끼라도 따뜻한 밥을 챙겨줄 수 있는 작은 식당이 가까이 있다면, 그 자체가 복지다. 경로당은 불 꺼진 공간이 아니라, 웃음과 대화가 오가는 세대 공감의 장이 되어야 한다. 복지관은 행정의 창구가 아니라, 이름을 불러주는 사람이 있는 곳이어야 한다.

노년에도 일이 있고, 역할이 있는 도시

노후는 끝이 아니라 전환점이다. 그동안 축적된 경험은 자산이 되고, 삶의 굴곡은 누군가에겐 길잡이가 된다. 문제는 일자리가 없는 것이 아니라, 그들의 손길을 기다리는 자리가 준비되지 않는다는 사실이다.

동네 해설사, 손주 돌봄 멘토, 동화 읽어주는 선생님.

이름 없는 노동 같지만, 마을의 구성원들을 단단히 이어주는 소중한 일들이다. 일은 생계의 도구이자, 존재의 증명이기도 하다. 오늘 해야 할 일이 있다는 것, 누군가가 나를 기다리고 있다는 사실은 노년의 삶에 의미를 더하는 가장 강력한 이유가 된다.

광주는 이제 고립이 아닌 연결을 준비해야 한다

AI 돌봄 로봇이 약 복용을 알릴 수는 있어도, 허전한 마음까지 달래주지는 못한다. 기계가 전화를 걸 수 있어도, 그날의 기분까지 물을 순 없다. 우리는 '동네 손'을 다시 찾아야 한다.

주민이 직접 꾸리는 돌봄 모임, 청년과 어르신이 함께하는 작업장……. 그 모든 작은 연결이 진짜 울타리가 된다.

복지는 제도와 정서가 동시에 움직여야 하는 일이다. 그 중 어느 하나라도 놓치면, 도시는 반드시 누군가를 놓치게 된다.

지금 광주는 갈림길에 서 있다

노인을 비롯해 모두가 행복한 도시가 될 것인가, 노인이 홀로 남겨지는 도시로 남을 것인가. '고독사 없는 도시', '존엄한 노후'라는 말은 구호가 아니라 도시의 기본값이 되어야 한다.

늙는다는 것이 두렵지 않은 도시, 나이 들어도 환대받는 도시.

그 도시를 위해 우리는 지금, 마음을 바꿔야 한다.

기계보다 사람, 계획보다 손길, 예산보다 시선. 광주가 그런 도시가 되기를 바란다.

혼자 할 수는 없지만, 함께라면 반드시 일구어낼 수 있을 것이다.

경기도경제과학진흥원 광주시 이전!
道경제과학진흥원 유치로
비상하는 너른고을 廣주
경제과학진흥원 이전
40만이 함께 합니다
너른고을 廣주
道경제과학진흥원을 품다
40만 광주시민의 염원!
경기도 경제과학진흥원 유치
Opening Concert
All That Classic

감동없는 행정은 공허한 메아리

"삶을 바꾸지 못하는 정책은 서류의 기록일 뿐이고,
감동이 없는 행정은 공허한 메아리일 뿐이다."

우리가 함께 만들어갈 경기 광주의 미래

경기 광주는 나의 삶이 시작된 곳이며, 나의 사랑이 깊게 뿌리내린 도시다. 나는 이곳에서 태어나 숨을 쉬었고, 사람들과 부딪히며 일했고, 더 나은 내일을 그리며 꿈을 키웠다. 그래서일까. 도시가 겪고 있는 불균형과 고통, 오래된 상처들을 마주할 때마다 내 가슴은 무겁고 발걸음이 멈출 수밖에 없다.

신도시 개발로 급격히 팽창한 외곽은 활기를 띠지만, 원도심은 점점 더 낡아간다. 교통은 정체되어 시민들의 하루를 조이고, 아이들의 등하굣길은 여전히 위험의 그림자 속에 있다. 그늘진 주거 환경, 소외된 외곽 농촌, 쪼개진 행정 서비스와 멀어져 가는 공동체 의식…….

그러나 나는 광주의 가능성을 믿는다. 산과 물이 어우러진 자연, 수도권이라는 거대한 경제권과의 인접성, 무엇보다 이곳에 뿌리내리고 살아가는 선한 사람들의 온기. 이것들이 광주를 다시 뛰게 할 수 있는 힘이자, 우리가 함께 꿈꿔야 할 미래의 이유다.

현실의 목소리에서 희망의 미래를 듣다

나는 시민들을 만나러 현장을 찾을 때마다 같은 깨달음을 얻는다. 정책은 책상 위에서 태어나지 않는다.

청년들은 말한다.

"아이디어는 있는데, 기회가 없어요."

판교와 가까운 지리적 이점을 살린다면 광주는 첨단 산업과 창업의 거점이 될 수 있다. 기회와 공간이 연결된다면 그들은 광주에서 뿌리내릴 준비가 되어 있다.

어르신들은 묻는다.

"왜 우리는 은퇴한 뒤에도 외롭고 불편해야 합니까?"

그들이 바라는 것은 크지 않다. 운동할 수 있는 공간, 친구를 만날 수 있는 마을회관, 그리고 조금은 여유 있는 노년.

부모들은 걱정한다.

"아이를 키우기엔 너무 힘든 환경이에요."

안전한 보육, 미세먼지 없는 놀이터, 믿고 맡길 수 있는 어린이집, 그들이 원하는 것은 '안심'과 '신뢰'다.

전통시장의 상인들은 말없이 기다린다. 텅 빈 골목, 발길이 끊긴 점포들이 다시 살아날 기회를.

이들 하나하나가 모여서 우리가 된다. 행복한 미래를 원하고 그것을 이루고자 준비하는 사람들, 바로 우리 자신이다.

함께 꾸는 꿈은 현실이 된다

우리는 정책을 추상적으로 말하고 싶지 않다. 변화는 구호가 아니라 체감이어야 한다. 시민이 '느낄 수 있는 변화', 그 하나하나가 쌓여 도시의 얼굴이 달라져야 한다.

우리는 균형 잡힌 광주를 원한다. 낡은 원도심에는 다시 문화와 예술을 불어넣고, 신도심에는 자족의 기반을 마련해야 한다. 농촌은 도시의 변두리가 아니라 광주의 또 다른 중심이다.

우리는 숨 쉬는 교통을 원한다. AI 교통 관제, 교통 소외지역을 품는 똑버스, 광역버스 증편. 출퇴근길의 막힌 시간이 풀릴 때 시민의 삶은 한결 넉넉해진다.

나는 미래 산업의 광주를 원한다. AI와 데이터, 청년 창업과 스마트 물류. 광주가 수도권 남부의 새로운 성장축이 되는 길은 이미 열려 있다.

그리고 우리는 시민의 삶이 행복한 도시를 원한다. 안심하고 아이를 키우고, 가까이서 문화를 즐기며, 스마트 안전망 속에서 불안을 덜어내는 도시. 그 모든 것이 곧 '삶의 질'이다.

시민과 함께 그리는 희망의 스케치

개인의 힘으로 광주를 바꿀 수는 없다. 광주의 변화는 우리 모두가 함께 시작해야 한다. 같은 눈높이에서, 같은 속도로 걸어야 한다.

광주는 아직 완성되지 않은 그림이다. 그러나 우리가 함께 붓을 들고 색을 입힌다면, 이 도시는 분명 새로운 시대를 열 수 있다.

나는 다짐한다. 경기 광주는 '시민의 도시'가 되어야 한다.

그리고 그 길의 첫걸음을, 나는 광주 시민과 함께할 수 있을 것이라고 믿는다.

KIM T W
DEMSPO

공동체의 따뜻함을 느낄 수 있는 도시

"공동체의 따뜻함은
도시의 가장 오래된 기반 시설이다."

고향을 복원하는 마음

나는 언제나 경기 광주에서 출발한다. 다른 도시를 떠돌아본 적은 있어도, 내 삶의 방향은 언제나 이곳을 향해 있다. 낡은 사진첩을 펼치듯 지난 시간을 하나씩 들여다보면, 이 도시가 나를 이룬 근원이라는 사실을 다시 한번 확인하게 된다.

내가 경기 광주를 고향이라 부르는 이유는 단순히 여기서 태어났기 때문이 아니다. 그것은 사람과 사람이 이어진 시간, 관계의 깊이, 나눔의 온기를 기억하기 때문이다. 이 도시는 나의 정체성이 되었고, 나의 가치관을 길러낸 토양이 되었다. 그래서 나는 지금도 간절히 바란다. 잃어버린 것이 있다면 다시 찾아내고, 잊힌 가치를 다시 빛내어 과거의 따뜻함과 현재의 편리함, 미래의 혁신이 함께 공존하는 새로운 경기 광주를 만들고 싶다고 말이다.

도시는 곧 사람이다. 관계이며 기억이며 연대이다. 빠른 성장이 아닌, 올바른 방향 속에서 삶을 담아내는 그릇이어야 한다. 나는 도시가 기계가 아니라 숨 쉬는 유기체라고 믿는다. 차가운 아스팔트와 콘크리트 속에도 따뜻한 숨결이 스며들 수 있고 기술은 사람을 위해 다정한 도구가 될 수 있다.

내가 꿈꾸는 경기 광주, '관계의 도시'

나는 광주가 서로의 눈을 바라보고 삶을 나누는 도시, 시민의 목소리가 정책을 움직이는 도시, 어려움을 함께 기억하고 보듬는 도시가 되기를 바란다.

공공이라는 말이 권력의 이름이 아니라 함께 살아가는 마음이 되는 곳. 나는 그런 도시에서 살고 싶고 또 그런 도시를 다음 세대에게 물려주고 싶다.

도시는 외형만으로 완성되지 않는다. 어르신의 하루 동선에서

광주시지속가능발전협의회
전통 혼례식

광주시 다함께돌봄센터
송정우림필유
"개소를 축하합니다."

편안함을 찾고, 아이들의 놀이터에서 안전과 웃음을 지켜주는 작은 배려가 모여 도시의 품격이 된다. 태전동의 젊은 부부들에게는 든든한 보육과 교육의 환경을, 송정동과 경안동의 노인들에게는 따뜻한 복지를, 곤지암과 퇴촌의 농촌에는 자연과 조화된 힐링 공간을 마련하는 일. 그것이 곧 도시의 진정한 디자인이라고 나는 믿는다.

경기 광주는 더 이상 '서울의 변두리'가 아니다. 이곳은 머물고 싶은 정원, 살아가고 싶은 마음의 집이어야 한다. 사람을 위한 공간, 관계를 잇는 시스템, 꿈이 자라나는 터전으로서 다시 태어나야 한다. 나는 이 길이 쉽지 않다는 것을 안다. 그러나 나는 믿는다. 시민과 함께라면 우리는 반드시 해낼 수 있다는 것을.

경기 광주는 내 뿌리다. 그리고 나는 이 뿌리 위에서, 다시 자라나는 내일을 그려가고자 한다. 고향의 온기를 복원하고, 사람의 목소리가 울려 퍼지는 도시를 만들어, 시민과 함께 희망의 길을 걸어가고자 한다.

"도시는 사람을 만들고,

사람은 다시 도시를 만든다."

-아리스토텔레스-

나의 삶은 광주 그 자체이다. 내가 자란 골목이 나를 만들었고, 나의 선택이 다시 도시를 바꾸었다. 정치가 거창한 법안이나 제도에서 시작된다고 믿지 않는다. 그것은 시민의 삶 속 작은 변화에서부터 자라난다. 아리스토텔레스가 말했듯, 도시는 사람을 만들고 사람은 다시 도시를 만든다. 이제 나는 시민과 함께 그 순환을 완성하는 길 위에 서 있다. 사람과 도시, 그 둘을 이어가는 다리로 남고 싶다.

| 에필로그 |

다시, 사람과 도시를 이어가다

도시를 바꾸는 일은 결코 한 사람의 의지만으로 이룰 수 없습니다. 도시의 미래는 수많은 삶과 이야기, 그리고 그 안에 깃든 의지와 꿈이 서로 만나고 포개지고 연결되어야 비로소 완성됩니다. 나는 힘주어 말합니다. 경기 광주의 미래는 우리가 함께 만들어야 한다고. 그 길 위를 걷는 것은 우리이며, 그 길을 완성하는 것도 시민의 손에 달려 있습니다.

한 사람의 시민이자 시의원으로서, 경기 광주의 거리 곳곳을 누비며 나는 시민들과 마주 앉아 수많은 이야기를 나누었습니다. 그 시간을 돌아봅니다.

그들이 들려준 수많은 목소리가 내 안에 쌓여, 이제는 하나의 큰 그림으로 그려지고 있습니다. 그것이 바로, 내가 그리고자 하는 경기 광주의 미래 청사진입니다. 이 그림은 차갑고 정적인 도면이 아니라, 시민들의 땀과 미소, 그리고 희망으로 빛나는 살아 숨 쉬는 풍경입니다. 그 미래는 추상적이지 않습니다. 그것은 한 사람 한 사람의 얼굴을 닮아있고, 삶의 구체적인 풍경으로 채워져 있으며, 공동체라는 따뜻한 감정의 선으로 이어져 있습니다.

무분별한 개발 중심의 도시에서 사람과 자연이 조화롭게 공존하는 관계 중심의 도시로, 속도만을 좇는 성장이 아니라 지속 가능한 리듬으로 시민 모두가 행복한 도시를 꿈꿉니다. 우리는 단순히 인구 유입이나 아파트 건설 숫자만으로 도시의 성패를 논하는 시대를 넘어섰습니다. 이제는 시민 한 사람 한 사람의 삶의 만족도, 공동체의 회복력, 그리고 미래 세대에게 물려줄 지속 가능한 환경이 도시의 진정한 가치를 결정하는 시대입니다.

경기 광주는 이제 선택의 기로에 서 있습니다. 서울이나 성남 등 주변 거대 도시의 그림자를 따라가는 위성 도시에 머무를 것인가?

아니면, 우리만의 독자적인 매력과 중심을 세워 경기 광주만의 빛깔을 만들어갈 것인가? 나는 주저 없이 후자를 택하고자 합니다. 그리고 그 중심은 다름 아닌 '사람'입니다. 사람의 삶을 가장 가까이에서 이해하고, 그 삶의 행복이 도시 전체에 고루 퍼질 수 있도록 섬세하게 설계하는 것이 바로 우리의 비전이 되어야 합니다. 최우선 가치를 시민 개개인의 삶의 질 향상에 두겠다는 약속입니다.

우리는 경기 광주를 '세대통합형 도시'로 만들어야 합니다. 청년이 꿈을 포기하지 않고 중장년이 일에서 소외되지 않으며 노년이 외롭지 않은 도시. 세대가 단절되지 않고 오히려 연결되며 각자의 역할을 존중받는 도시. 이것이 우리가 지향해야 할 진정한 공동체입니다. 이 모든 것은 나 혼자의 아이디어가 아니라, 이미 시민들이 곳곳에서 외치는 이야기들입니다.

도시는 시민의 손으로 완성됩니다. 한사람이 모든 해답을 가질 수는 없습니다. 그래서 '시민 주도형 플랫폼'을 제안합니다. 이는 시민들의 창의적인 아이디어와 참여가 도시 발전의 핵심 동력이 되는 시스템입니다. 나는 시민 제안제를 제도화하고, 지역 리빙랩을 활성화하며, 마을 협치 네트워크를 구축하여 행정이 아니라 시민이 주도하는 '실험 도시'가 되기를 소망합니다.

행정은 시민이 주도할 때 가장 건강합니다. 시민이 주인이 되는 행정은 결코 형식적인 절차가 아니라 도시의 활력과 혁신을 이끌어내는 근본적인 힘이 될 것입니다.

이 도시의 미래는 화려한 건축물이나 대규모 투자 유치로만 그려질 수 없습니다. 경기 광주의 진짜 자산은 '사람'이며, 그 사람들과 함께 만드는 일상의 작은 변화가 곧 도시의 위대한 변화입니다. 그리고 그 변화는 이미 시작되었습니다. 나는 지난 시간 동안 시민들의 목소리 속에서 그 변화의 씨앗들을 보았고, 이제 그 씨앗들을 함께 키워나갈 때가 왔다고 느낍니다. 그래서 나는 이 문장을 경기 광주의 시민들과 함께 쓰고 싶습니다.

"도시는 혼자 설계할 수 없습니다.
우리가 함께 만든 길,
그 길 위에서 경기 광주는 빛날 것입니다."

우리가 함께 만든 이 길은 끝이 아니라 새로운 시작입니다. 이 길 위에서 우리는 다시 만날 것입니다. 아이들이 안전하게 자라고 노인이 존중받으며 중년이 다시 일어설 수 있는 도시. 그런 경기 광주를 함께 만들고 싶습니다. 미래는 멀리 있지 않다. 바로 지금,

우리가 함께 걷는 이 길 위에 있습니다.

이제 당신의 손을 잡고 우리 도시의 미래를 함께 그려가고자 합니다. 그리고 그 그림 속에, 단 한 사람도 소외되지 않게 하겠습니다. 모든 시민이 행복하고, 각자의 자리에서 존중받으며, 경기 광주라는 공동체 안에서 함께 번성하는 도시. 그게 내가 꿈꾸는, 경기 광주의 진짜 미래입니다. 나는 이 꿈을 실현하기 위해 나의 모든 것을 바치길 소망합니다.

THE NORTH FACE
World Vision
월드비전
World Vision
GLOBAL
6K WATER
Robert
Respecter
World Vision
GLOBAL
WATER

World Vision
GLOBAL 6K for WATER
Loverboy
월드비전
FRNM
CONNECTED
Mohamed

당신을 응원합니다

임일혁 전 의장님은 동원대학 CEO 과정 총원우회 회장으로서 항상 소통하고 책임을 다해 주셨으며, 또 언제나 큰 실적을 내 주셨습니다. 이 책은 임일혁 전 의장의 개인 성장 기록이자 젊은 도시 경기 광주를 향한 그의 희망과 비전입니다.

독자 여러분이 같이 공감하면서, 그의 희망과 열정이 경기 광주의 발전으로 이어지기를 기대합니다.

–동원대학교 총장 이종원

존경하는 임일혁 의장님.

항상 광주시 발전을 위해 노력하시는 의장님이 자랑스럽습니다.

광주 발전을 위한 비전과 많은 정책이 담긴 자서전 출판을 진심으로 축하드리고, 균형 발전을 위해 더욱 큰 틀로 광주에 대한 계획을 세워주시길 바랍니다.

–전 광주시의장 이문섭

임일혁 전 의장님.

자서전 출판을 진심으로 축하드립니다. 의장 시절부터 광주시 구석구석 지역 탐방하시는 모습을 보고 크게 감동받았습니다. 소외된 광주시를 균형 발전할 수 있는 정책과 비전으로 애써 주시고 광주시 예총에도 많은 관심 바랍니다. 살기 좋은 광주시 꼭 만들어 주세요.

-광주시 예총회장 이상오

임일혁 전 의장님께!

광주시의 정책과 비전 담긴 자서전 출판을 진심으로 축하합니다. 광주시 발전을 위한 당신의 꿈을 인제나 응원합니다♡

-임운식 배상

존경하는 경기도 광주시 임일혁 전 시의장님.

오랜 기간 광주 시민을 위해 헌신하신 의정활동의 경험과 깊은 성찰이 고스란히 담긴 귀한 책의 출간을 진심으로 축하드립니다.

의장님께서 지역 현장에서 직접 겪으신 생생한 이야기들과, 광주 발전을 위한 깊이 있는 통찰이 책을 통해 널리 공유될 것이라 생각하니 기대됩니다.

특히, 어려움 속에서도 묵묵히 자리를 지키고 있는 우리 지역 소상공인들에게 의장님의 지혜와 비전이 불확실한 시대를 헤쳐 나갈 나침반 역할을 해줄 것이라 믿어 의심치 않습니다.

앞으로도 변함없는 열정과 건강한 모습으로 지역 사회와 독자들에게 선한 영향력을 펼치시기를 한마음으로 응원하겠습니다.

다시 한번 출판을 축하드리며, 이 책이 오랫동안 많은 이들에게 사랑받기를 진심으로 기원합니다.

–광주시 소상공인연합회 회장 최혜경

너른 고을 광주를 위해 희망의 깃발을 높이 들고…….

소탈하고 소박한, 이웃집 아저씨 같은 친근한 동네 아우 임일혁 전 의장님.

하지만 정치인으로서의 임일혁 전 의장님은 소신과 뚝심으로 광주를 위한 일이라면 적극적으로 앞장서 주셨지요.

초임 의원 시절 우리 동네 도로 확장 및 환경 개선 사업을 위해 앞장서서 추진해 주신 것, 지금도 우리 주민들은 잊지 않고 감사하고 있습니다.

당론과 다르더라도 광주의 발전을 위해서라면 소신을 굽히지 않고 뚝심으로 추진한 정치인 임일혁 전 의장님을 머릿속에 깊이 간직하고 있습니다.

최근 자유인으로 생활하면서도 늘 학업에 매진하고 연구하며 현장을 방문하는 것 또한 다른 광주 발전을 위한 준비의 일환이겠지요?

너른 고을 광주를 위해 항상 준비해 오셨으니, 이렇게 준비된 것을 잘 활용하여 우리 광주의 발전을 위해 귀하게 사용하는 좋은 기회가 주어지기를 기대해 봅니다.

너른 고을 광주를 위한 큰 날개를 펼쳐서 높이 날기를 기원합니다.

-광주 소시민 김준기

임일혁 전 의장님의 시의정 경험을 바탕으로 광주시 발전에 또 한 번 봉사해 주시길 바랍니다. 큰 뜻과 광주시의 비전을 기대합니다. 파이팅하세요~.

–광주시새마을협의회장 문광호

임일혁 전 의장님의 자서전 출판을 진심으로 축하드립니다.

광주를 사랑하는 마음이 오랜 세월 바람결처럼 이어져, 마침내 한 권의 책으로 피어났습니다.

그 속에는 사람 냄새가 나고, 길 위의 이야기들이 스며 있습니다.

시민과 함께 걸어온 발자국마다 따스한 빛이 비치길 바라며, 광주의 내일 또한 의장님의 마음처럼 곱고 단단히 빛나길 소망합니다.

–신촌리 봉선화 마을 촌장 이종갑 드림

존경하는 임일혁 선배님, 이렇게 귀한 책을 출간하신 것을 진심으로 축하드립니다.

오랜 시간 옆에서 지켜보며 선배님의 땀과 열정을 잘 알고 있기에 출간이 더욱 감격스럽게 다가옵니다. 분명 많은 시민분들에게 깊은 울림을 선사할 것이라고 믿습니다.

앞으로도 선배님의 멋진 행보를 늘 응원하겠습니다.

-광주시태권도협회장 김규필

항상 지역 발전을 위해 애쓰시는 임일혁 전 의장님 감사합니다.

누군가 “20년 후 했던 일보다 하지 않은 일을 후회할 것이다.”라고 했답니다. 알지만 잊고 하지 않은 일은 무엇이 있는지 리스트를 만들고 하나하나 해보는 것도 좋을 것 같습니다.

상대방을 이해하는 마음으로 관계를 아름답게, 삶은 풍요롭게 보내시기를 바라며, 앞으로 소망하는 일, 뜻하시는 일들이 모두 이루어지시길 기원합니다.

-광주시 체육회장 박범식

지역 발전과 시민의 행복을 위한 여정에 함께 응원합니다.

지역사회와 기업의 든든한 동반자로서 늘 현장의 목소리에 귀 기울이는 모습이 보기 좋습니다.

이번 책 출간이 많은 이들에게 희망과 비전을 전달하기를 바랍니다.

–사단법인 광주시기업인협회 오포지회장 최대식

광주시의 발전과 시민의 행복을 위해 헌신해 오신 임일혁 전 광주시의회 의장님의 자서전 출간을 진심으로 축하드립니다.

한결같은 열정과 소신으로 걸어오신 발자취가 이 책에 고스란히 담겨, 많은 이들에게 감동과 귀감이 되리라 믿습니다.

새로운 도전과 여정에 늘 빛나는 성취가 함께하길 바랍니다.

–광주시 전 의원 동희영

광주에서 태어나고 성장한 광주인으로, 시의회 의장을 역임하며 쌓은 경험과 식견 그리고 만학을 통해 얻은 지식을 맘껏 발휘하여 광주 발전의 비전과 정책을 명쾌하게 제시한 이 책은 광주의 미래를 고민하는 모든 분들에게 지침서가 될 것입니다.

저자의 강한 의지를 실현할 수 있는 날이 오길 간절히 기대합니다.

-친구 유재진(공학박사, 매곡초 29회 동창회장, 전 삼성디스플레이 상무)

그린벨트와 상수원보호구역으로 묶여 항상 도시 개발 측면에서 소외되었던 광주를 친환경 첨단도시로 거듭날 수 있도록 임일혁 형님께서 최선의 노력을 다해 주시기를 바랍니다.

항상 응원하겠습니다.

-오포신현동 차상묵 후배

임일혁.

그대는 정직과 성실의 아이콘.

달은 별과 구름이 함께 있어야
아름답다는 것을 아는 겸손한 사람.
이웃과 친구를 사랑할 줄 아는 따스한 사람.

추위에 떠는 옆 사람에게
따뜻한 아랫목에 손을 묻어 주던 멋진 사내.
이장으로서 동네를 위해 무척이나 애쓰던 동네 머슴.

시의회 의장으로서 광주 시민을 위해
불철주야 뛰어다니던 그대는 상남자.
봉사 정신을 타고난 정 많은 의인.

앞으로도 살신성인으로
광주 시민을 위해 노력해 주시길 바랍니다.

-산이리 도담 마을에서 종찬

책 발간에 즈음하여-

존경하는 후배 임일혁 전 광주시 의장님의 책 출판의 노고를 진심으로 격려하며 축하드립니다.

그동안의 지역 활동과 광주시 의정 활동을 지켜보면서 지역 발전을 위해 애정을 갖고 소신껏 해오신 행보를 보면서 믿음을 갖고 있는바 이번 책 발간을 위해 오랜 시간 공들여 집필하신 노력이 결실을 맺어 매우 기쁘게 생각합니다.

이번 책이 광주시민과 함께 활동해오신 모든 분들에게 큰 울림을 주시길 바라며, 앞으로의 행보에도 무궁한 발전이 있기를 기원합니다.

저자와 함께 광화문 집회 등 함께 국민주권 행동에 투쟁해왔던 지난 일들이 회자되면서 묵묵히 국가의 안위와 지역 발전을 위한 일련의 과정들을 이 책을 통하여 감동을 전해주길 바라면서, 다시 한번 앞날에 더욱 당차고 빛나는 활동을 기대합니다.

-광주시먹거리자치시민연대 대표 이영기

경기 광주의 미래를 함께 그리다

발 행 일　2026년 1월 10일
지 은 이　임일혁
펴 낸 이　김주연
북디렉팅　엄재근
기획편집　그린팰스
디 자 인　M.S.G.
펴 낸 곳　지식플랫폼
주　　소　서울시 금천구 벚꽃로 286, 507호
출판신고　2017년 5월 18일 제2023-000049호
이 메 일　bookplatform@naver.com
팩스번호　02-6499-4370

ISBN 979-11-88910-90-8 (03810)

책값은 뒤표지에 있습니다.
잘못된 책은 구입하신 곳에서 바꾸어 드립니다.